世界妖怪図鑑

佐藤 有文

世界の妖怪について

佐藤 有文

外国《がいこく》の妖怪《ようかい》は、日本《にほん》の妖怪変化《ようかいへんげ》とくらべてずっと恐《おそ》ろしく、ふしぎな魔力《まりょく》をもった妖獣《ようじゅう》モンスターなどがたくさんいるようです。その数《かず》は全世界《ぜんせかい》で、やく一万種類《しゅるい》もあり、いまでも古《ふる》い絵《え》などにのこされているのは、およそ千種類《しゅるい》ほどあります。

そして、これらの妖怪《ようかい》の多《おお》くは、古《ふる》い昔《むかし》から伝《つた》わるその国《くに》の宗教《しゅうきょう》や風土《ふうど》と悪霊《あくりょう》がむすびついて、この世《よ》にあらわれたと考《かんが》えられています。悪霊《あくりょう》とは、魔界《まかい》からやってきた正体不明《しょうたいふめい》の恐《おそ》ろしいものが、人間《にんげん》や動物《どうぶつ》や植物《しょくぶつ》などにとりついて妖怪《ようかい》に変身《へんしん》し、次《つぎ》つぎと悪事《あくじ》を働《はたら》くものだと信《しん》じられているのです。

また、ヨーロッパでは悪魔《あくま》が妖怪《ようかい》のチャンピオンです。悪魔《あくま》の大《おお》ボスであるサタンは、七十二人《にん》もの超悪魔《ちょうあくま》をしたがえ、六千六百もの悪魔軍団《あくまぐんだん》をひきいて、この世《よ》にあらゆる悪《あく》をふりまいているといわれています。

しかし、おもしろいことに妖怪《ようかい》や悪魔《あくま》のなかには、もっぱら人間《にんげん》のためによいことをし、人間《にんげん》をたすけるものもたくさんいることがわかりました。そこで、この本《ほん》では世界各国《せかいかっこく》の妖怪《ようかい》たちが、

◀恐《おそ》ろしい地獄《じごく》の世界《せかい》

その国《くに》によってどんな姿《すがた》をしているのか。また多《おお》くの悪魔《あくま》たちがどんな超能力《ちょうのうりょく》をもっているかを、とくに調《しら》べてみました。日本《にほん》の妖怪《ようかい》とくらべてみると、同《おな》じようなものもいるようです。

世界《せかい》の妖怪《ようかい》　もくじ

悪魔《あくま》サタン

　この世《よ》の中《なか》には、六千六百万《まん》もの悪魔《あくま》がひそんでいるという。この悪魔《あくま》の大《だい》軍のボスがサタンだ。悪《あく》の世界《せかい》を支配《しはい》するサタンは、三人《にん》の司令官《しれいかん》をもち、正式《せいしき》には七十二人《にん》の魔[illegible]をしたがえて六千六百の軍団《ぐんだん》をひきいている。

　つまり、ひとつの軍団《ぐんだん》には一万人《にん》もの小悪魔《ま》がいるわけだ。そしてサタンの妻《つま》であるリリスは、悪魔《あくま》の子《こ》を何《なん》万人《にん》とうみ、暗黒《あんこく》の天《てん》使《し》としてサタンを助《たす》けているという。

▶反乱《はんらん》をおこして戦《たたか》いに負《ま》けたサタンは、地上《ちじょう》に追《お》われた。

◀悪魔《あくま》の子《こ》は、人間《にんげん》の心臓《しんぞう》や魂《たましい》をとってたべる。

▲バビロニアの魔王《まおう》パズズ

悪魔《あくま》はどこから来《き》たか

六千六百万もの子分《こぶん》をもつという悪魔《あくま》サタンは、いったいどこからやって来《き》たのだろうか。キリスト教《きょう》の古《ふる》い伝説《でんせつ》によると、サタンはもともと天国《てんごく》の天使長《てんしちょう》のひとりだったという。

ところが、あるとき反乱《はんらん》をおこしたサタンは戦《たたか》いに負《ま》けて天国《てんごく》から地上《ちじょう》へ追《お》われてしまった。天国《てんごく》ではサタンを悪《わる》いことをする天使《てんし》という意味《いみ》で《堕《だ》天使《てんし》》と名《な》づけ、悪《あく》の世界《せかい》の支配者《しはいしゃ》として任命《にんめい》したのだ。

つまり悪《わる》いことはすべてサタンにおしつけ、サタンに悪魔《あくま》のレッテルをはりつけて

◀悪魔《あくま》がきらうのは，太陽《たいよう》の光《ひかり》ガミ，そして十字架《じゅうじか》と牧師《ぼくし》などそこで，悪魔《あくま》はいろいろな妖怪《ようかい》に変身《へんしん》して牧師《ぼくし》を悪《あく》の世界《せかい》へひりこもうとおそいかかった。

▼悪魔《あくま》は，とくに人間《にんげん》のツメやの毛《け》や内臓《ないぞう》をこのんでたべた。

しま[illegible]サタンに[illegible]つぎと魔王《まおう》や妖怪《ようかい》をつくりだして、人間《にんげん》の世界《せかい》に悪《あく》をはびこらせるようになった。

また、東洋《とうよう》では台風《たいふう》やあらしをまきおこすバビロニアの魔王《まおう》パズスやアッシリアの夢魔《むま》ラビス、そして三十三万項目《こうもく》のウソつき大辞典《だいじてん》をもつというペルシアの魔王《まおう》ドルイなどがいた。

さらに、世界《せかい》の国々《くにぐに》には、人間《にんげん》にすばらしい知恵《ちえ》と助《たす》けを与《あた》えてくれる太陽《たいよう》の神《かみ》などが信《しん》じられていたが、反対《はんたい》にかならず悪《あく》の神《かみ》とか恐《おそ》ろしい悪魔《あくま》がいるとも考《かんが》えられていた。北《きた》の国《くに》には氷《こおり》でできた魔神《ましん》とか、密林《みつりん》の国《くに》には木《き》の妖怪《ようかい》、雨《あめ》のふらない地方《ちほう》には日《ひ》でりの魔王《まおう》、そして海《うみ》には魚《さかな》や船《ふね》をのみこんでしまう海竜《かいりゅう》などがいると信《しん》じられていた。だから、世界《せかい》のどの国《くに》でも、それぞれ悪役《あくやく》としての悪魔《あくま》がつくりだされたわけである。

▶人間《にんげん》をだます方法《ほうほう》を相談《そうだん》している悪魔《あくま》たち。

◀悪魔《あくま》は、人間《にんげん》の弱点《じゃくてん》をたくみにつき、災害《さいがい》にあって困《こま》っている人《ひと》のところに近《ちか》づく。
左《ひだり》の絵《え》は、火事《かじ》がおこった家《いえ》にあらわれた悪魔《あくま》。

悪魔《あくま》がねらう人《ひと》びと

悪魔《あくま》は、悪《あく》の道《みち》にさそいこむために、どんな人《ひと》びとをねらうだろうか。

まず、お金《かね》がなくて困《こま》っている人《ひと》や病気《びょうき》の人《ひと》、火事《かじ》などの思《おも》わぬ災害《さいがい》にあって、とほうにくれている人《ひと》のところへ近《ちか》づいた。

人間《にんげん》の弱点《じゃくてん》をたくみについて、悪魔《あくま》は心《こころ》の中《なか》にしのびこむのだ。そして、お金《かね》がたくさん手《て》にはいる夢《ゆめ》などを見《み》させて、悪魔《あくま》は魂《たましい》を売《う》りわたすようにせまるわけだ。

だから、うっかり悪魔《あくま》に魂《たましい》を売《う》ってしまった人《ひと》は、たちまちにして悪事《あくじ》をへいきで働《はたら》くようになり、悪魔《あくま》の言《い》うことをなんでもきかなければならなくなるのだ。悪魔《あくま》はこうして悪《あく》の世界《せかい》を広《ひろ》げてゆくわけだ。

11

▼悪魔《あくま》は，ふつうの人間《にんげん》とかわらない姿《すがた》で近《ちか》づくが，カガミにうつると角《つの》やしっぽがうつって見《み》える。

▲悪魔《あくま》の研究《けんきゅう》に一生《しょう》をささげたという学者《がくしゃ》プランシが，悪魔《あくま》と話《はな》しあっているところ。

悪魔《あくま》を見《み》やぶる方法《ほうほう》

▲宝物《たからもの》をみつける悪魔《あくま》

悪魔《あくま》といえば、すべて悪《わる》いことばかりするのだろうか。悪魔《あくま》のなかには宝物《たからもの》をみつけてくれたり病気《びょうき》をなおしてくれたりするものもいる。たとえば、十八世紀《せいき》の名《めい》バイオリニストのタルティーニは、ソナタの作《さっ》曲中《きょくちゅう》につかれはててねむっていると、夢《ゆめ》の中《なか》にあらわれた悪魔《あくま》が、バイオリンをひいたという。目《め》をさましたタルティーニは、すぐに悪魔《あくま》がひいた曲《きょく》を書《か》きあげ、それが名曲《めいきょく》「悪魔《あくま》のトリル」となっている。

しかし、やはり悪魔《あくま》は人間《にんげん》に

▼おしりのところに顔《かお》としっぽのある悪魔《あくま》。

▶銀《ぎん》のよろいをつけた騎士《きし》にふみつけられた悪魔《あくま》。

そこで、悪魔《あくま》を見《み》やぶる方法《ほうほう》が、いろいろと考《かんが》えだされた。次《つぎ》にあげるのは、悪魔《あくま》を見分《みわ》ける九か条《じょう》である。

①ちょっと見《み》ると、ふつうの人間《にんげん》とかわらないが、やけ火《ひ》ばしをつけると、角《つの》やしっぽ、足《あし》のひずめをだす。

②太陽《たいよう》の光《ひかり》をきらって夜《よる》をこのむ。

③魔《ま》よけの呪文《じゅもん》をとなえ印章《いんしょう》を見《み》せると、にげて行《い》く。

④水面《すいめん》やカガミに姿《すがた》をうつしてやると悪魔《あくま》ならほんとうの姿《すがた》がうつる。

⑤月夜《つきよ》に影《かげ》があるかどうかたしかめる悪魔《あくま》なら影《かげ》がうつらない。

⑥水《みず》の上《うえ》をわたらせてみると、悪魔《あくま》なら水《みず》にしずまない。

⑦十字形《じゅうじけい》のものを、とてもきらう。

⑧円《えん》の中《なか》へは、悪魔《あくま》ははいれない。

⑨銀《ぎん》のノミをかくしもっている。

※悪魔《あくま》についてのくわしいことは、161ページ以下《いか》を参照《さんしょう》。

蛇《へび》女《おんな》ゴーゴン

数《すう》千年《ねん》もの昔《むかし》からギリシアの古城《こじょう》にすみついている妖怪《ようかい》。頭《あたま》の髪《かみ》の毛《け》が一本《ぽん》一本《ぽん》、蛇《へび》になっていて、顔《かお》は鬼《おに》ばばのようだ。夜《よる》ともなれば、すっと黄金《おうごん》のつばさがはえ、ものすごい速《はや》さで夜空《よぞら》を飛《と》んだ。そして、あちこちの村《むら》や町《まち》にあらわれると美《うつく》しい女《おんな》の人《ひと》に変身《へんしん》して人間《にんげん》に近《ちか》づいた。この世《よ》の人《ひと》とは思《おも》えぬほど美《うつく》しい顔《かお》で…

G
ISHi

蛇女《へびおんな》は三人《にん》姉妹《しまい》

だが、蛇女《へびおんな》ゴーゴンは人間《にんげん》に近《ちか》づくと、たちまち恐《おそ》ろしい鬼《おに》ばばの顔《かお》と化《か》し、髪《かみ》の毛《け》は一本《ぽん》のこらず蛇《へび》となっておそいかかるのだ。

そして、この蛇女《へびおんな》ゴーゴンのみにくい顔《かお》を見《み》た人《ひと》は、あっというまに全身《ぜんしん》の血《ち》がこおり手足《てあし》から全身《ぜんしん》へと石《いし》の像《ぞう》に変《か》わってしまうのだ。それで、ゴーゴンのすむ古城《こじょう》ふきんには石像《せきぞう》と化《か》した多《おお》くの人《ひと》びとが、おそわれたときの姿《すがた》のままで彫刻《ちょうこく》のように立《た》っている。

ところが、勇者《ゆうじゃ》ペルセウスという人《ひと》が、ゴーゴンをやっつけようと、カガミのタテと目《め》かくしをつけたヨロイにカブトをかぶって、古城《こじょう》に出《で》かけた。

カガミのタテをかざすと、蛇女《へびおんな》は自分《じぶん》の顔《かお》がカガミにうつるので

▲天馬《てんま》ペガサス

▶ペルセウスに首《くび》を切《き》られた蛇女《へびおんな》メジューサ。

▲蛇女《へびおんな》ゴーゴンの一族《ぞく》をえがいた昔《むかし》の絵《え》。ゴーゴンは，不死身《ふじみ》で天馬《てんま》ペガサスと妖獣《ようじゅう》ゲリオーネスのふたりの息子《むすこ》をもっていた。

▼恐《おそ》ろしいメジューサの首《くび》は，ペルセウスが持《も》ち帰《かえ》ったあと銅板《どうばん》にきざまれた。

あわてて顔をそむけた。そこを、すかさずペルセウスが剣《けん》で切《き》りつけ、首《くび》を切《き》った。

だが、蛇女《へびおんな》はゴーゴンとメジューサ、アスナスという顔《かお》も姿《すがた》もそっくりの三人《にん》姉妹《しまい》だったのである。ペルセウスがやっつけたのはメジューサで、姉《あね》のゴーゴンは不死身《ふじみ》という超《ちょう》能力《のうりょく》をもっていたのだ。それでゴーゴンはいくら剣《けん》で切《き》りつけても死《し》なないので、さすがのペルセウスも逃《に》げだしてきたという。

地獄《じごく》の魔王《まおう》

外国《がいこく》の地獄《じごく》は，どんなふうになっているのだろうか。日本《にほん》の地獄《じごく》のようすと，どこがちがうかを見《み》てみよう。

▼地獄《じごく》の魔王《まおう》プルトー
人間《にんげん》をすいこんでいる

▲キリスト教《きょう》が信《しん》じられている西洋《せいよう》では，地獄《じごく》の入《い》り口《くち》にギョル川《かわ》があり，黄金《おうごん》の橋《はし》がかかっている。日本《にっぽん》でいうと《三途《さんず》の川《かわ》と橋《はし》》にあたるわけだ。そして，この橋《はし》のそばには，地獄《じごく》の番犬《ばんけん》ガルムルがいて，地獄《じごく》の底《そこ》には三つの顔《かお》をもった地獄《じごく》の帝王《ていおう》ルチフェロがいるのだ。

昔《むかし》の人《ひと》は，地獄《じごく》の世界《せかい》が地底《ちてい》のふいところにあると考《かんが》えていた。そて地獄《じごく》におちても運《うん》がよければ，ぬけ道《みち》から再《ふたた》び地上《ちじょう》へ出《で》てこられるのと信《しん》じていた。

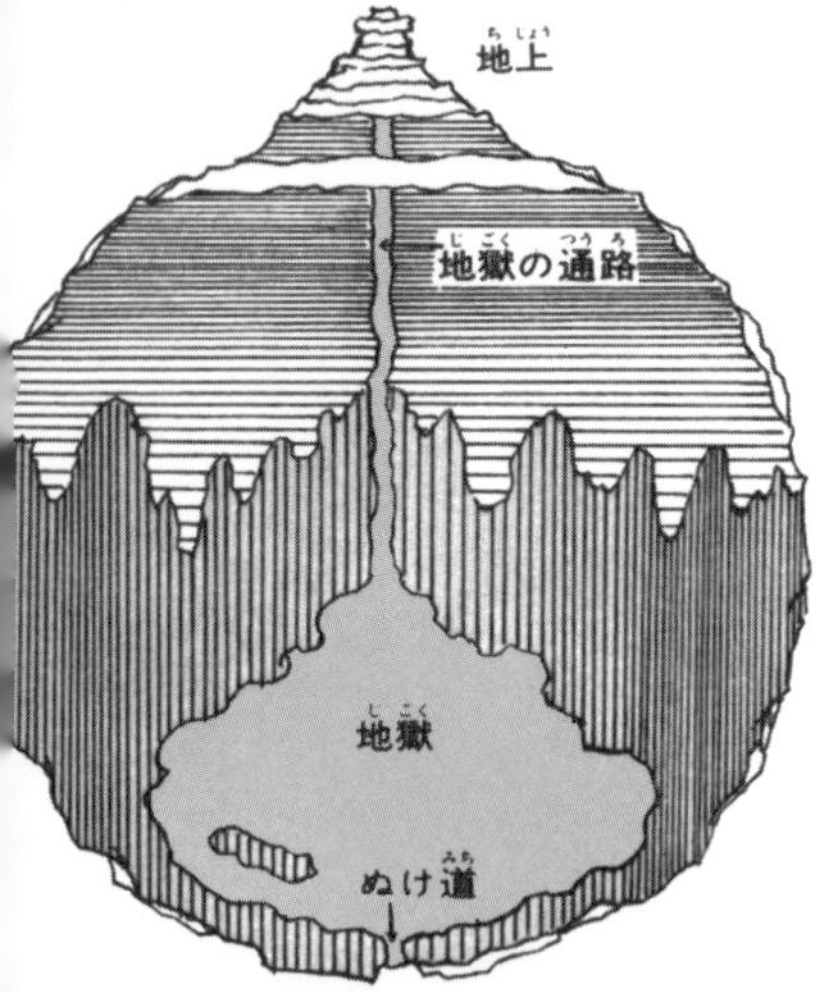

▼地獄の世界にはいるトビラ

地獄《じごく》の世界《せかい》とは？

人間《にんげん》が死《し》ぬと、天国《てんごく》へ行《い》くとか地獄《じごく》へおちるとか言《い》う。しかし、天国《てんごく》へ行《い》く人《ひと》と地《じ》獄《ごく》へ行《い》く人《ひと》は、どのようにして決《き》まるのだろうか。ヨーロッパでは、死《し》者《しゃ》がギョル川《がわ》にかかった黄金《おうごん》の橋《はし》をわたるときに、決《き》まるといわれている。

死《し》者《しゃ》が、黄金《おうごん》の橋《はし》のそばにいる魔女《まじょ》に橋《はし》の渡《わた》り代金《だいきん》として銀貨《ぎんか》一枚《いちまい》をわたして橋《はし》を渡《わた》りはじめる。善人《ぜんにん》の場合《ばあい》は、そのまま橋《はし》を渡《わた》って天国《てんごく》へ行《い》けるが、罪人《ざいにん》の場合《ばあい》は、いつのまにか黄金《おうごん》の橋《はし》がすうっと消《き》えてしまって、ギョル川《がわ》におちてしまうのだ。

そして、この川《かわ》におちた者《もの》は、地獄《じごく》の番《ばん》犬《けん》ガルムルにかまれて地獄《じごく》へつれて行《い》かれる。地獄《じごく》は、氷《こおり》の地獄《じごく》とか血《ち》の池《いけ》地獄《じごく》、どろ沼《ぬま》地獄《じごく》、はりつけ地獄《じごく》、かまゆで地獄《じごく》など十三段階《だんかい》の地獄《じごく》があって、罪《つみ》の重《おも》い人《ひと》ま

▲かまゆでにして火《ひ》ぜめをつづける使《つか》い魔《ま》たち。

▼地獄《じごく》からのがれようとする
間《げん》をふりおとそうとする悪《あく》

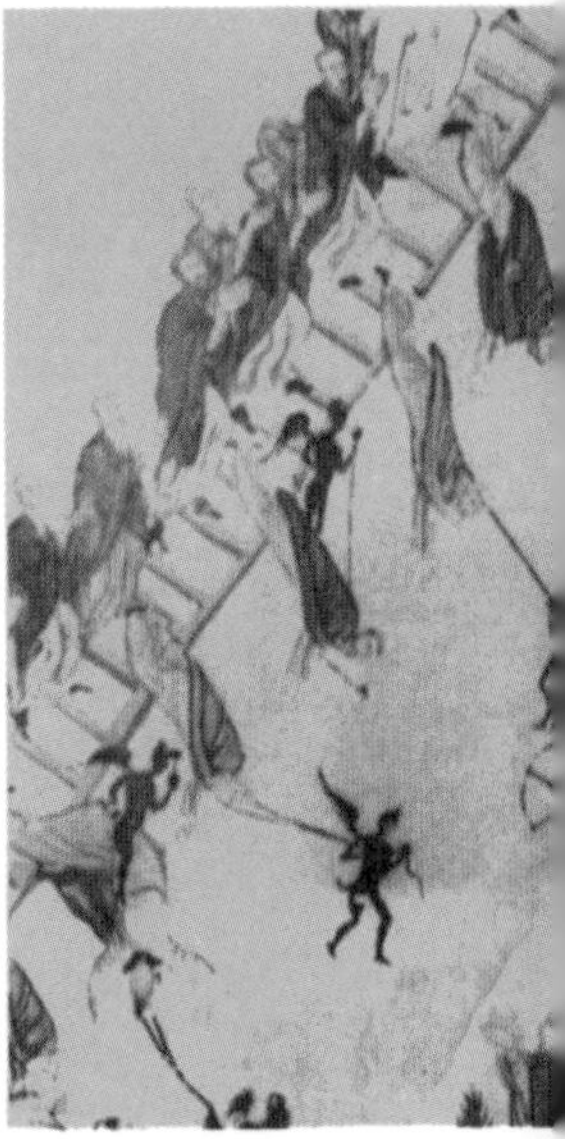

裁判官《さいばんかん》はミノスといって、日本《にっぽん》のえんま大《だい》王《おう》と同《おな》じようなものだ。

また中近東《ちゅうきんとう》では、罪人《ざいにん》は死《し》んでから動物《どうぶつ》になると考《かんが》えられ、イスラム教《きょう》の国々《くにぐに》では熱風《ねっぷう》と熱湯《ねっとう》の地獄《じごく》におちると信《しん》じられている。地獄《じごく》は宗教《しゅうきょう》や国《くに》によってちがうようだ。

▲血《ち》の池《いけ》にはいって蛇《へび》ぜめにあう人びと。

吸血鬼《きゅうけつき》ドラキュラ

中部《ちゅうぶ》ヨーロッパのカルパチア山脈《さんみゃく》にぶきみにたたずむドラキュラ城《じょう》。

この城主《じょうしゅ》ドラキュラ伯爵《はくしゃく》こそは、世《よ》にも恐《おそ》ろしい吸血鬼《きゅうけつき》で、何《なん》百びきというコウモリや狼《おおかみ》のむれを自由《じゆう》にあやつり、夜《よ》ごと人間《にんげん》をおそってはガブリと首《くび》にかじりつくのだ。そして、赤《あか》い血《ち》をドクドクとすすると、吸血鬼《きゅうけつき》ドラキュラは、みるみる若《わか》がえるのだ……。

だが、この恐《おそ》ろしい吸血鬼《きゅうけつき》はどうしてこの世《よ》にうまれ出《で》たのだろうか。

▶スペインの吸血鬼《きゅうけつき》ブルーカは、親子《おやこ》や兄妹《きょうだい》にとりつく場合《ばあい》が多《おお》い。

◀夜《よる》になると、棺《かん》おけにねむっていた死体《したい》が、ぬっと手《て》を出《だ》しておきあがる。吸血鬼《きゅうけつき》が目《め》をさましたのだ。

◀アフリカにいる大《おお》コウモリは
[illegible]

吸血鬼《きゅうけつき》の誕生《たんじょう》

有名《ゆうめい》な吸血鬼《きゅうけつき》ドラキュラは、チェコスロバキアの実在《じつざい》の人物《じんぶつ》ドラクール伯爵《はくしゃく》をモデルにしたものと伝《つた》えられている。何万人《なんにん》という兵士《へいし》の死体《したい》に一本《ぽん》ずつ木《き》の杭《くい》を打《う》ちつけたり、人間《にんげん》の生《い》き血《ち》や心臓《しんぞう》をたべたというドラクール伯爵《はくしゃく》は、まるで吸血鬼《きゅうけつき》のように恐《おそ》ろしい人物《じんぶつ》であったと記録《きろく》されている。

ところで、吸血鬼《きゅうけつき》はどのようにして、この世《よ》にうまれでてきたのだろうか。

①吸血《きゅうけつ》コウモリや吸血《きゅうけつ》ブヨなどが、恐《おそ》ろしい妖怪《ようかい》と考《かんが》えられた。

②血《ち》をこのむ悪霊《あくりょう》が人間《にんげん》の死体《したい》にのりうつりその死体《したい》が夜《よる》になると生《い》きた人間《にんげん》をおそって血《ち》を吸《す》うようになった。

③狼男《おおかみおとこ》が死《し》ぬと吸血鬼《きゅうけつき》になる。魔女《まじょ》になりそこねた人《ひと》が吸血鬼《きゅうけつき》になる。あるいは、人間《にんげん》の魂《たましい》や青《せい》[illegible]

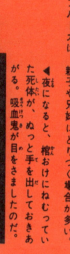

▼吸血鬼《きゅうけつき》バーニイは、吸血鬼《きゅうけつき》のなかでもっともザンコクだ。

このように、いろいろな説《せつ》があるが、いまでは②の考《かんが》えが強《つよ》く信《しん》じられている。

また吸血鬼《きゅうけつき》は、千年《ねん》以上《いじょう》も昔《むかし》からいると信《しん》じられてきたが、十八世紀《せいき》のころにはヨーロッパじゅうに、ものすごい吸血鬼《きゅうけつき》ブームがまきおこって、悪魔《あくま》や魔女《まじょ》よりも恐《おそ》れられた。

それで、この頃《ころ》から死体《したい》の上《うえ》に十字架《じゅうじか》をおいたり、死体《したい》を火葬《かそう》にするようになったという。

※吸血鬼《きゅうけつき》についてのくわしいことは118ページ以下《いか》を参照《さんしょう》。

▼南米《なんべい》のアマゾン地方《ちほう》には、恐《おそ》ろしい吸《きゅう》血《けつ》コウモリや吸血《きゅうけつ》ガなどがいるが、これに血《ち》を吸《す》われると貧血《ひんけつ》をおこしてフラフラになり死《し》んでしまうという。

幽《ゆう》霊《れい》

　外国《がいこく》の幽霊《ゆうれい》は、ただ恐《おそ》ろしいというだけではない。日本《にっぽん》の幽霊《ゆうれい》とくらべると、ずっとユーモアがあって昼間《ひるま》でも、どうどうと出《で》てくることがある。はじめから足《あし》はついているが、姿《すがた》をあらわさず、ガタガタとへやじゅうでさわぐこともある。

　幽霊《ゆうれい》はカガミにうつすとすぐわかるが、困《こま》っている人《ひと》を助《たす》けるために出《で》てくることが多《おお》い。

▼いまから百年《ねん》ほどまえ，イギリスの大科学者《だいかがくしゃ》クルックス博士《はかせ》がうつしたという幽霊《ゆうれい》の写真《しゃしん》。

G
ISHI

れは乙女《おとめ》の亡霊《ぼうれい》で，よく見《み》ると足《あし》がない。
リシアのブーシャス島《とう》にある有名《ゆうめい》な幽霊城《ゆうれいじょう》。
0年間《ねんかん》で 150 人以上《にんいじょう》が殺《ころ》された。

◀太陽《たいよう》のでている日中《にっちゅう》に、幽霊《ゆうれい》が人間《にんげん》と話《はなし》をしている絵《え》。

外国《がいこく》の幽霊《ゆうれい》の特長《とくちょう》

外国《がいこく》の幽霊《ゆうれい》には、まず足《あし》があり、それに夜《よる》だけではなく昼間《ひるま》でもあらわれる。

もちろん、幽霊《ゆうれい》の恐《おそ》ろしいのろいが、次《つぎ》つぎと人《ひと》を殺《ころ》すこともある。ざんこくな幽《ゆう》霊《れい》のなかには、うらみをはらすために人間《にんげん》を殺《ころ》してから首《くび》を切《き》りとり、その生首《なまくび》をもって死《し》んだ人《ひと》の家族《かぞく》のまえにあらわれ、何《なん》十日《にち》もぐるぐるとまわりつづけたという。

しかし、ヨーロッパでは幽霊《ゆうれい》が恋人《こいびと》に会《あ》いに来《き》たり、死《し》んだ父《ちち》の亡霊《ぼうれい》が息子《むすこ》のとこ

▲若《わか》い女《おんな》の幽霊《ゆうれい》が恋人《こいびと》にあいにくる。

◀中世《ちゅうせい》のころ，魔術師《まじゅつし》たちは悪
の力《ちから》をかりて，いろいろな魔《ま》術
やったというが，彼《かれ》らは死《し》んだ
の亡霊《ぼうれい》を地上《ちじょう》によびだすことも
きたという。

▼1920年《ねん》のこと、フランスのシ
レー博士《はかせ》は，霊媒者《れいばいしゃ》に幽霊《ゆうれい》を出
てもらって，パラフィンの中《なか》に
をいれさせて幽霊《ゆうれい》の手《て》をつくっ

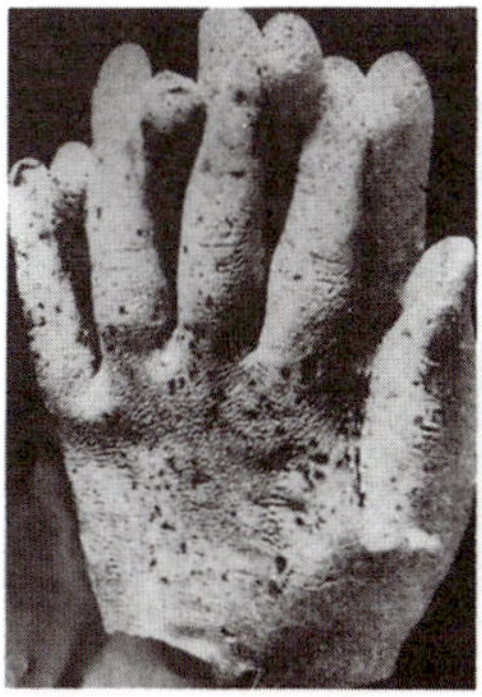

が多《おお》い。幽霊《ゆうれい》には未来《みらい》のようすがわかるので、こういうことをしてはいけないと忠告《ちゅうこく》するのだ。そして、ときには戦場《せんじょう》にあらわれた幽霊兵士《ゆうれいへいし》が敵《てき》の軍隊《ぐんたい》を追《お》いはらってくれることもある。

また古代《こだい》エジプトでは、死者《ししゃ》をミイラにしておくと生《い》きかえると信《しん》じられ、インカでは死者《ししゃ》が生《い》きている人《ひと》びとを守《まも》るものと考《かんが》えられていた。しかし、最近《さいきん》では超心理《ちょうしんり》学《がく》や心霊学《しんれいがく》によって、幽霊《ゆうれい》の実在《じつざい》をたしかめようと研究《けんきゅう》がつづけられている。

▶心霊術師《しんれいじゅつし》が呼《よ》びだした幽霊《ゆうれい》

妖《よう》獣《じゅう》ケルベロス

ケルベロスは、地獄《じごく》の魔王《まおう》プルトーの子分《ぶん》だ。頭《あたま》が三つもあって、尾《お》が毒蛇《どくじゃ》、胴体《どうたい》はトラのようにまだらになっている。そして、三つの頭《あたま》の口《くち》からはものすごい火《ひ》をはく。しかし、たいへんに食《く》いしんぼうなので、肉《にく》きれなどを与《あた》えておいてガツガツ食《た》べている間《あいだ》に逃《に》げることだ。

G
ISHI

妖怪学①

＊悪霊《あくりょう》とは？

悪霊《あくりょう》とは、私《わたし》たちの人類《じんるい》がずっと昔《むかし》、社会生活《しゃかいせいかつ》をはじめるようになったころから信《しん》じられてきた、姿《すがた》や形《かたち》の見《み》えない妖怪《ようかい》のボスだ。

昔《むかし》の人《ひと》びとは、草《くさ》や木《き》や水《みず》、火《ひ》、風《かぜ》や雲《くも》などのすべてに、妖精《ようせい》がすんでいると考《かんが》えていた。

また、古代《こだい》エジプト文明《ぶんめい》やインカ、そして古代《こだい》の中国《ちゅうごく》やインドなどでも、人間《にんげん》には魂《たましい》があると信《しん》じられていた。しかし、魂《たましい》にもよい魂《たましい》と悪《わる》い魂《たましい》があって、悪《わる》いほうの魂《たましい》は姿《すがた》の見《み》えない悪霊《あくりょう》のためと考《かんが》えられたのである。

だから、植物《しょくぶつ》や動物《どうぶつ》や風《かぜ》や雲《くも》にも、悪霊《あくりょう》がとりつくことがあると信《しん》じたのだ。つまり、人間《にんげん》に害《がい》を与《あた》える植物《しょくぶつ》や動物《どうぶつ》は、すべて悪霊《あくりょう》がのりうつったもので、ものすごい嵐《あらし》や大雨《おおあめ》も、悪霊《あくりょう》がおこしたものと考《かんが》えたわけである。

中《なか》でも、毒《どく》をもった蛇《へび》などは足《あし》がないのに地上《ちじょう》を動《うご》き、水《みず》をおよぐので、恐《おそ》ろしい悪霊《あくりょう》の使者《ししゃ》だとか魔神《ましん》として考《かんが》えられた。古《ふる》い国《くに》や原始民族《げんしみんぞく》のほとんどは、蛇《へび》を邪悪《じゃあく》の神《かみ》としてあつかっていることからもわかる。

こうして、姿《すがた》の見《み》えない悪霊《あくりょう》が動植物《どうしょくぶつ》の妖怪《ようかい》、人間《にんげん》などの妖怪《ようかい》をうみだす大親分《おおおやぶん》として恐《おそ》れられたので、昔《むかし》はさかんに占《うらな》い師《し》や妖術《ようじゅつ》師《し》によって悪霊《あくりょう》をとりはらう儀式《ぎしき》が宗教《しゅうきょう》と結《むす》びついて行《おこな》われたのだ。

★恐《おそ》ろしい動物《どうぶつ》の妖怪《ようかい》は，どんな魔力《まりょく》や超能力《ちょうのうりょく》をもっているだろうか？

1 動物の妖怪

★七つの頭《あたま》をもったこの怪獣《かいじゅう》は、ラッキー・ドラゴンというすばらしい

★妖怪《ようかい》だ。悪魔《あくま》だけを食《た》べるので、決《けっ》して人間《にんげん》をおそったりはしない。

影《かげ》くらい

月夜《つきよ》にかぎってあらわれるスペインの妖怪《ようかい》。大《おお》きな一つ目《め》で手足《てあし》は四本《ほん》指《ゆび》。そして、からだは煙《けむり》のようにとらえどころがなく、足音《あしおと》もたてずに人間《にんげん》にしのびよるのだ。

月《つき》の光《ひかり》が明《あか》るくかがやく夜《よる》のこと。どこからともなくあらわれた《影《かげ》くらい》が、道《みち》を歩《ある》いている人《ひと》のうしろから、すうっと近《ちか》づく。「急《きゅう》にめまいがする…からだが、だるいような気《き》がする」と思《おも》ったとたん、その人《ひと》は《影《かげ》くらい》に、自分《じぶん》の影《かげ》をすいとられ食《た》べつくされて死《し》んでしまうのだ。

ドラゴン

ドラゴンは、いまから四千年《ねん》もまえの古代《こだい》エジプト文明《ぶんめい》のころから世界《せかい》じゅうの国々《くにぐに》にあらわれている。その姿《すがた》もいろいろで、およそ二十種類《しゅるい》もあるが、悪《あく》の化身《けしん》の怪物《かいぶつ》として恐《おそ》れられた。七つの頭《あたま》をもつドラゴンだけが人間《にんげん》の味方《みかた》で、のこりのドラゴンはすべて悪《あく》役《やく》だったというが、空想《くうそう》の怪物《かいぶつ》ともいわれている。

▶ドラゴンの標準《ひょうじゅん》スタイル。日本《にっぽん》の竜《りゅう》とちがって翼《つばさ》がありヒゲがない。

▲この巨大《きよだい》なドラゴンは，地獄《じごく》の世界《せかい》にいるドラゴンで地獄《じごく》の帝王《ていおう》プルトーにつかえている。不死身《ふじみ》で，どんな魔力《まりよく》にもまけない超能力《ちようのうりよく》をもち，人間《にんげん》の亡者《もうじや》や悪魔《あくま》たちの見《み》はりをしている。

ゴンの種類《しゅるい》

空中《くうちゅう》ドラゴン

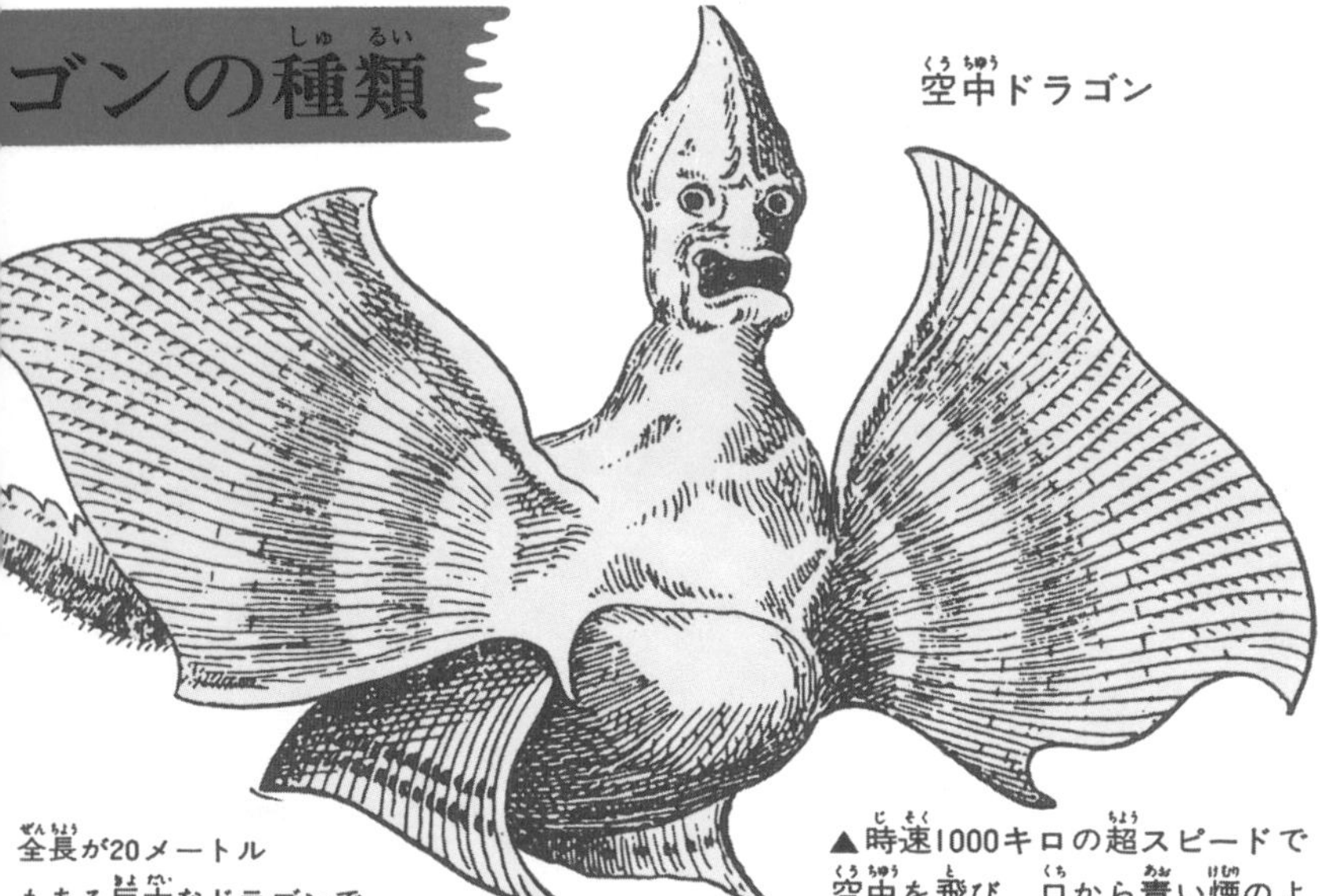

全長《ぜんちょう》が20メートルもある巨大《きょだい》なドラゴンで翼《つばさ》はコウモリの羽《はね》のようにうすくてじょうぶだ。

▲時速《じそく》1000キロの超《ちょう》スピードで空中《くうちゅう》を飛《と》び，口《くち》から青《あお》い煙《けむり》のようなものをはくと竜巻《たつまき》がおこる。

小型《こがた》ドラゴン

▲夜《よる》も昼《ひる》も家《いえ》の中《なか》にしのびこんできて子《こ》供《ども》をねらうので，村人《むらびと》がたいじしている。

水陸両生《すいりくりょうせい》ドラゴン

▲川《かわ》や海《うみ》の中《なか》，あるいは陸地《りくち》にすんで空《そら》を飛《と》ぶこともできる万能型《ばんのうがた》ドラゴン。

海中《かいちゅう》ドラゴン

▶海《うみ》の中《なか》だけにすんで、いるドラゴンで、速度《そくど》80ノットのスピードで船腹《せんぷく》に穴《あな》をあけた。

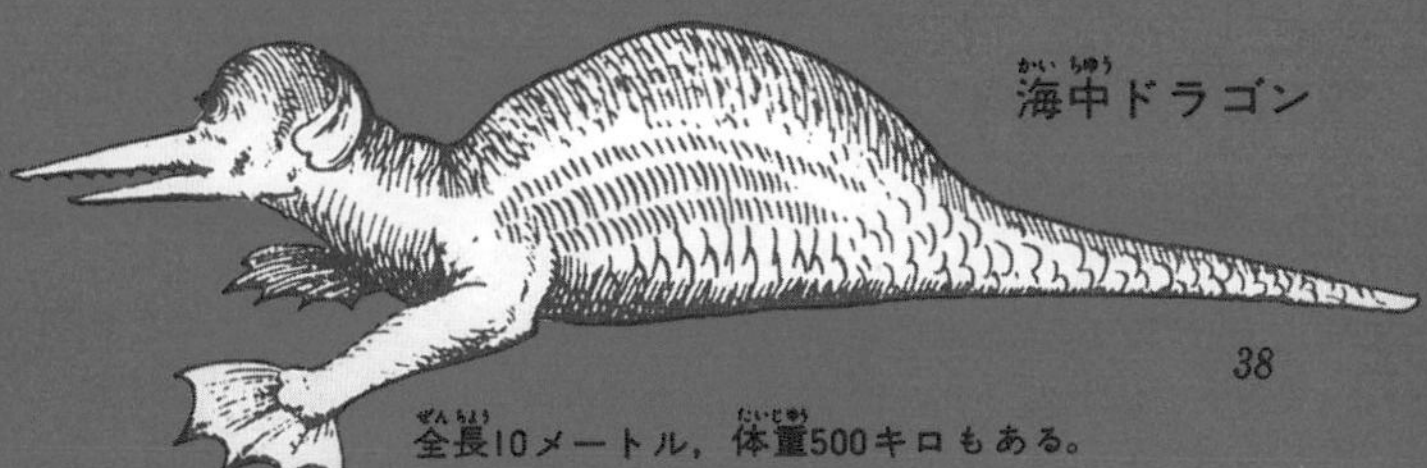

全長《ぜんちょう》10メートル，体重《たいじゅう》500キロもある。

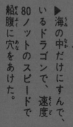

人《ひと》くいドラゴン

◀人間《にんげん》を食《た》べないと死《し》んでしまうドラゴンなので、毒《どく》バリをはいて人間《にんげん》をしびれさせてから人間《にんげん》を食《た》べた。

大蛇《だいじゃ》ドラゴン

▲ものすごい大蛇《だいじゃ》かと思《おも》うと，羽《はね》があって高《たか》さ10メートルもはねあがり，毒液《どくえき》をはいて人間《にんげん》を殺《ころ》した。

怪獣《かいじゅう》ドラゴン

▼大《おお》きなものは30メートルもの怪獣《かいじゅう》そっくりで，人家《じんか》をふみたおして大《おお》あばれしたという。

魔獣《まじゅう》ドラゴン

▼悪魔《あくま》の森《もり》の中《なか》にいて，赤《あか》
ルビーの玉《たま》を守《まも》っているが，
これをとられると弱《よわ》くなる。

ランスター

オーストリアの妖怪《ようかい》で、頭《あたま》がひとつに胴体《どうたい》が二つ。それに背中《せなか》にも二本《ほん》の足《あし》がついている。

　このブタのような姿《すがた》をした妖怪《ようかい》ランスターは、夜《よる》といわず昼間《ひるま》でも、ものすごいくさい息《いき》を口《くち》からはいてあらわれる。死体《したい》がくさったようなにおいだ。それもそのはず、死人《しにん》がでると、どんな遠《とお》くからでも死体《したい》のにおいをかぎわけてやってくるのだ。

　そして、墓場《はかば》の土《つち》を足《あし》でほじくりかえして、がりがりと骨《ほね》まで食《た》べてしまう妖怪《ようかい》なのだ。また食《く》いしんぼうのランスターは、死人《しにん》が出《で》る家《いえ》のまわりを必ずうろつくので、死人《しにん》の出《で》る家《いえ》は前《まえ》もってわかったという。

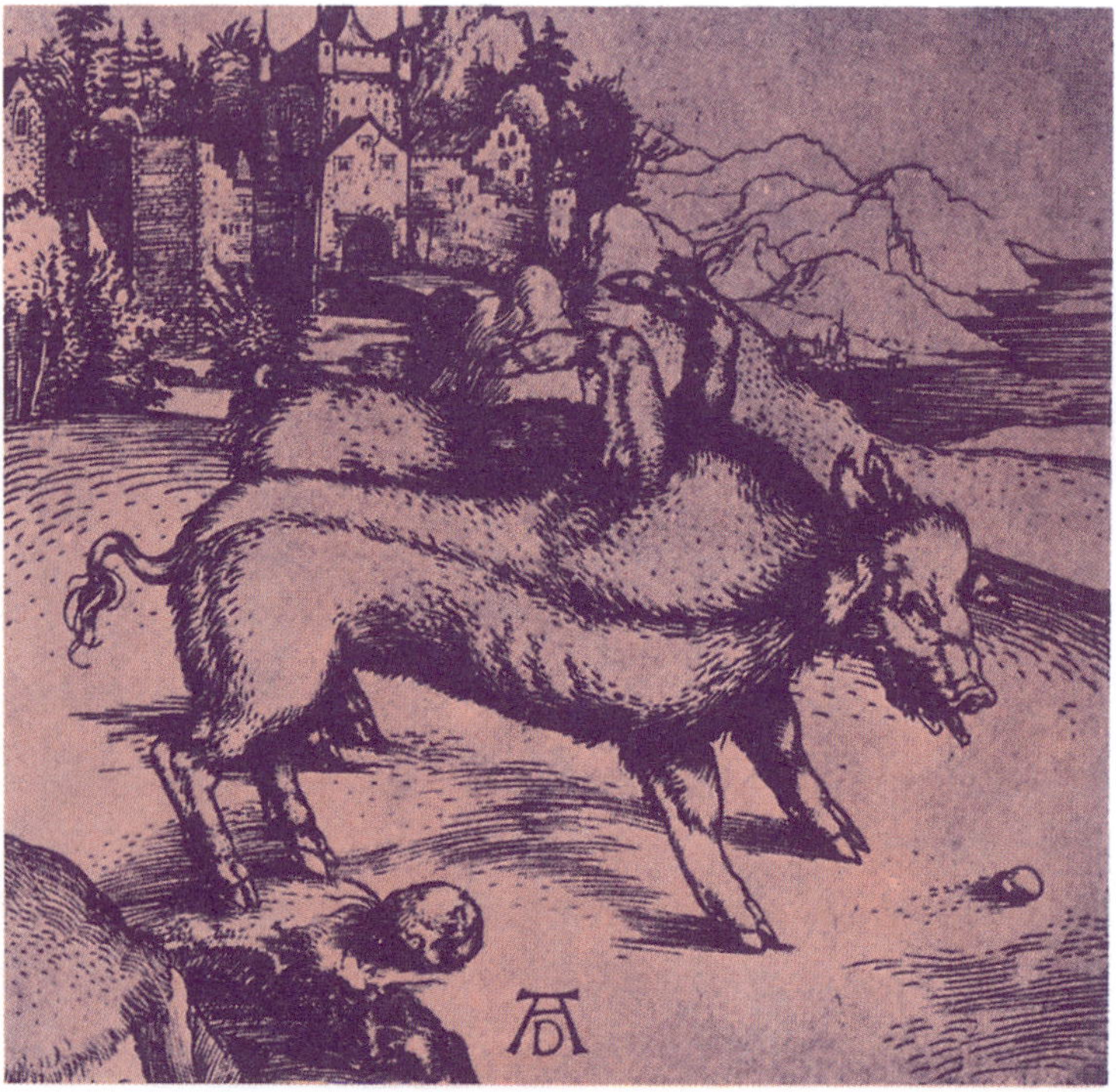

中国《ちゅうごく》に数《すう》千年《ねん》もまえからいる妖怪《ようかい》。りっぱな聖人《せいじん》が生《う》まれると，どこからともなくあらわれて，1日《にち》に千里《り》を走《はし》り，いろいろなことを聖人《せいじん》に予言《よげん》をするといわれている

◀キリンは、中国《ちゅうごく》から伝《つた》えられて日本《にっぽん》にもあらわれた。

の国々の山奥や森の中にすんでいる。この世のあらゆる猛獣《もうじゅう》よりも強《つよ》く、ライオンやタイガーなどをアッというまになぎたおした。

　しかし、ドラゴンやフェニックスなどには勝《か》つことができなかったという。それでもライオンより強《つよ》いので、この魔獣《まじゅう》にあやかった紋章《もんしょう》をかかげる城主《じょうしゅ》が多《おお》かったという。

妖《よう》獣《じゅう》スキュレー

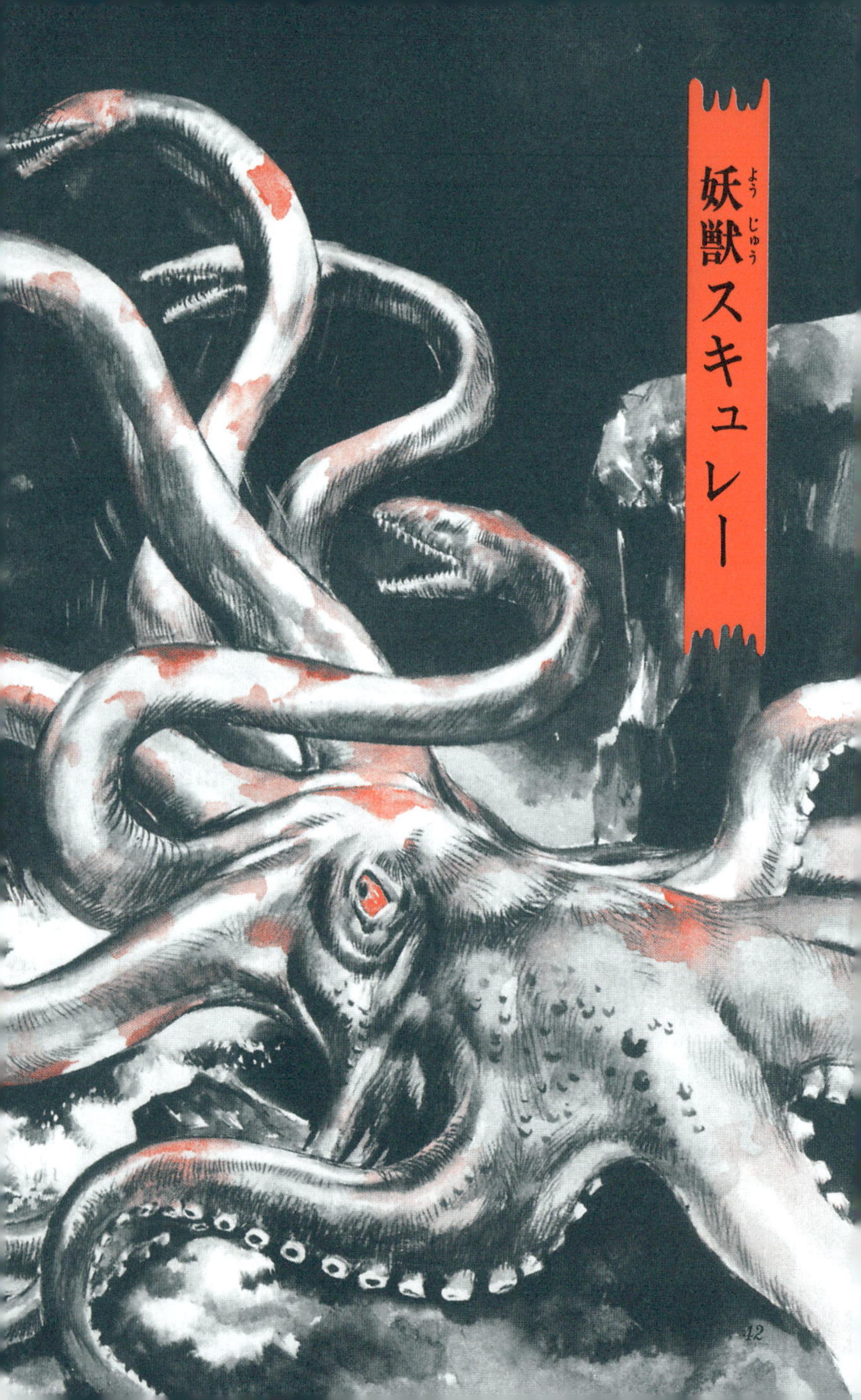

大西洋《たいせいよう》の海《うみ》にすむ大きさ20メートルもある軟体動物《なんたいどうぶつ》の妖獣《ようじゅう》だ。海の岩穴《いわあな》に巣《す》をかまえ，頭《あたま》が6個《こ》に足《あし》が12本《ほん》あって，クークーと鳴《な》くが，手《て》あたりしだいに海《うみ》の魚《さかな》を食《た》べ，とくに人間《にんげん》が大好物《だいこうぶつ》らしい。それで船底《ふなぞこ》にはりつくと，その怪力《かいりき》で一瞬《いっしゅん》に船《ふね》をバラバラにし，6つの頭《あたま》で人間《にんげん》を食《た》べた。また泳《およ》いで逃《に》げようとすると口《くち》からねばねばした黒《くろ》い液体《えきたい》をはいて動《うご》けなくした。

海《うみ》の妖《よう》獣《じゅう》

▼怪魚《かいぎょ》アルガス

ピラニアを大《おお》きくしたような怪魚《かいぎょ》で，鉄《てつ》のクサリやイカリでもガリガリ食《く》いちぎる。8つもある目《め》で海中《かいちゅう》を100メートル先《さき》まで見《み》すかし，ねらわれたら船《ふね》でも人間《にんげん》でもこなごなにされる。

▲海馬《かいば》

海《うみ》の上《うえ》を走《はし》る馬《うま》の妖怪《ようかい》で，超《ちょう》スピードで泳《およ》ぐ。めったにあらわれないが，船《ふね》でそうなんした人《ひと》びとを背中《せなか》にのせ助《たす》けてくれるという。

＊ 大《おお》海《うみ》蛇《へび》

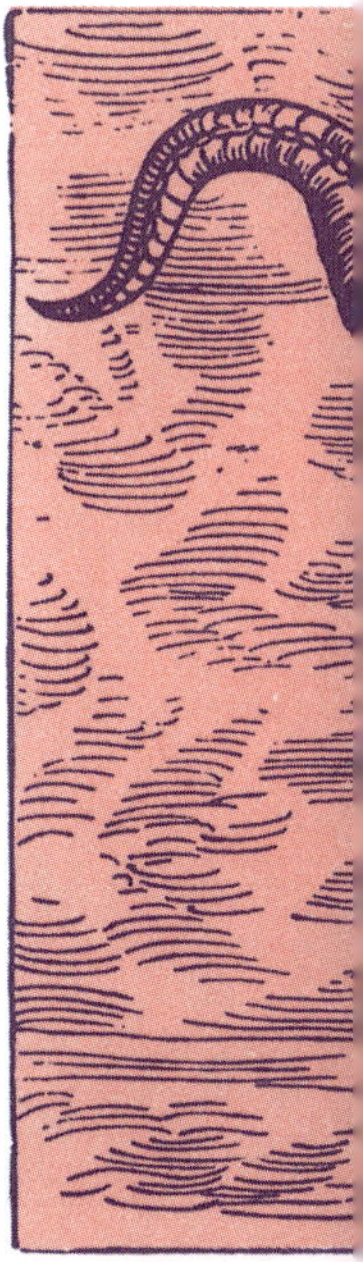

海《うみ》の妖獣《ようじゆう》のなかでのチャンピオンは大海蛇《おおうみへび》だ。大きさは10～30メートルもあって胴体《どうたい》の直径《ちよっけい》が1メートルというのもある。この数世紀《すうせいき》（1500～1940年《ねん》）の間《あいだ》に，およそ500件《けん》もの海蛇《うみへび》を見《み》たとか，おそわれた記録《きろく》があるので，たしかに実在《じつざい》した妖獣《ようじゆう》にちがいない。100年《ねん》ほどまえの記録《きろく》では大《おお》クジラ1頭分《とうぶん》の肉《にく》と油《あぶら》がとれたという。

しかし，海蛇《うみへび》の正体《しようたい》はどうやら下《した》の絵《え》のリュウグウノツカイという動物《どうぶつ》らしい。ただ，ネス湖《こ》の怪獣《かいじゆう》のようにいまでは，ほとんどほろんでしまったのだろう。

▶リュウグウノツカイの絵《え》

▶スペインの海《うみ》の大海蛇《おおうみへび》

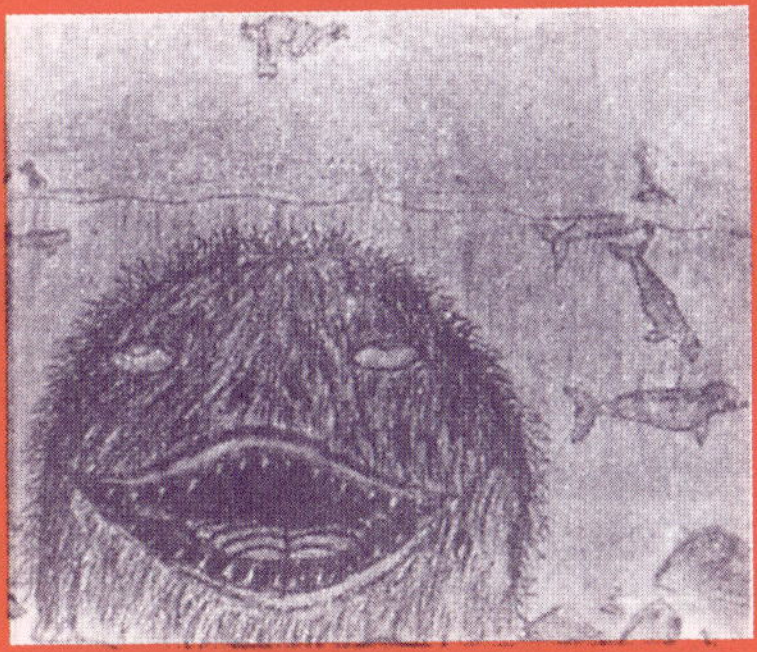

▲アニ・コール

シベリアの海《うみ》の底《そこ》にいる妖獣《ようじゆう》で，船《ふね》がとおると海水《かいすい》を大《おお》きな口《くち》からすいこんで，船《ふね》ごとのみこんでしまうという。

▼大《おお》海《うみ》ガメ

このカメの妖怪《ようかい》は，船《ふね》ほども大きく小《ちい》さな島《しま》のようだ。子《こ》ガメをとてもだいじにするので，子《こ》ガメを殺《ころ》したりしないかぎりはおとなしい。子《こ》ガメを助《たす》けてやったりすると，船《ふね》ごと背中《せなか》に乗《の》せて魔《ま》の海《うみ》を渡《わた》ってくれるという。

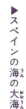

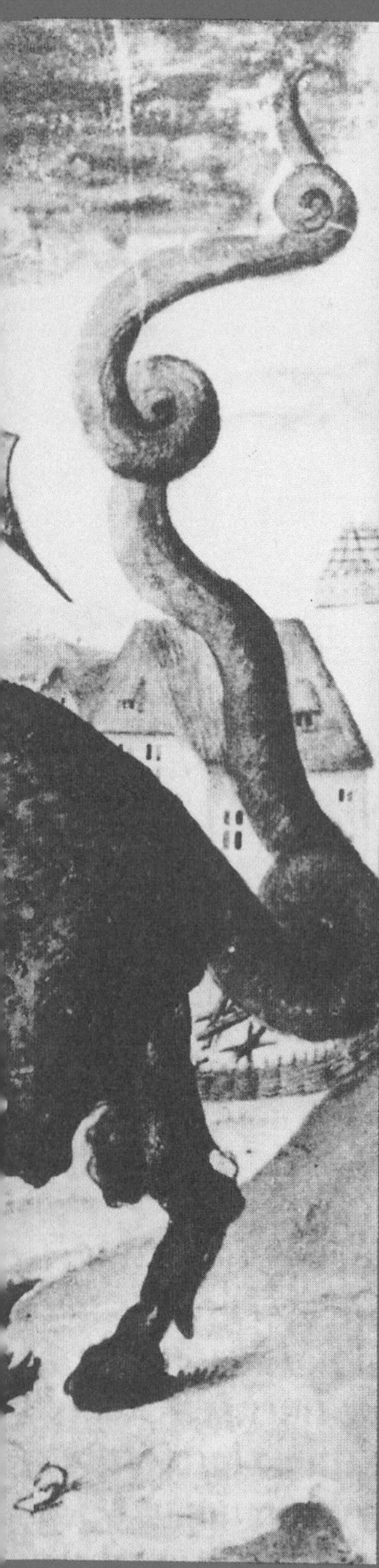

死《しに》神《がみ》ベヘモス

ドイツやフランスにあらわれた地獄《じごく》の使者《ししゃ》の大《だい》妖怪《ようかい》。魔獣《まじゅう》ドドンゴに乗《の》ったベヘモスは、人間《にんげん》を地獄《じごく》に落《お》とす死神《しにがみ》なのだ。そして、ふしぎなことに、ベヘモスもドドンゴの姿《すがた》も、人間《にんげん》の目《め》には見《み》えないので、すぐそばに近《ちか》づいてもわからない。

しかし、真夜中《まよなか》などにドドーン……と地《ち》の底《そこ》からひびくような無気味《ぶきみ》な音《おと》が聞《きこ》えることがある。魔獣《まじゅう》ドドンゴのほえ声《こえ》だ。そのときは、すぐに教会《きょうかい》へ逃《に》げることだ。死神《しにがみ》は十字架《じゅうじか》に弱《よわ》いからだ。

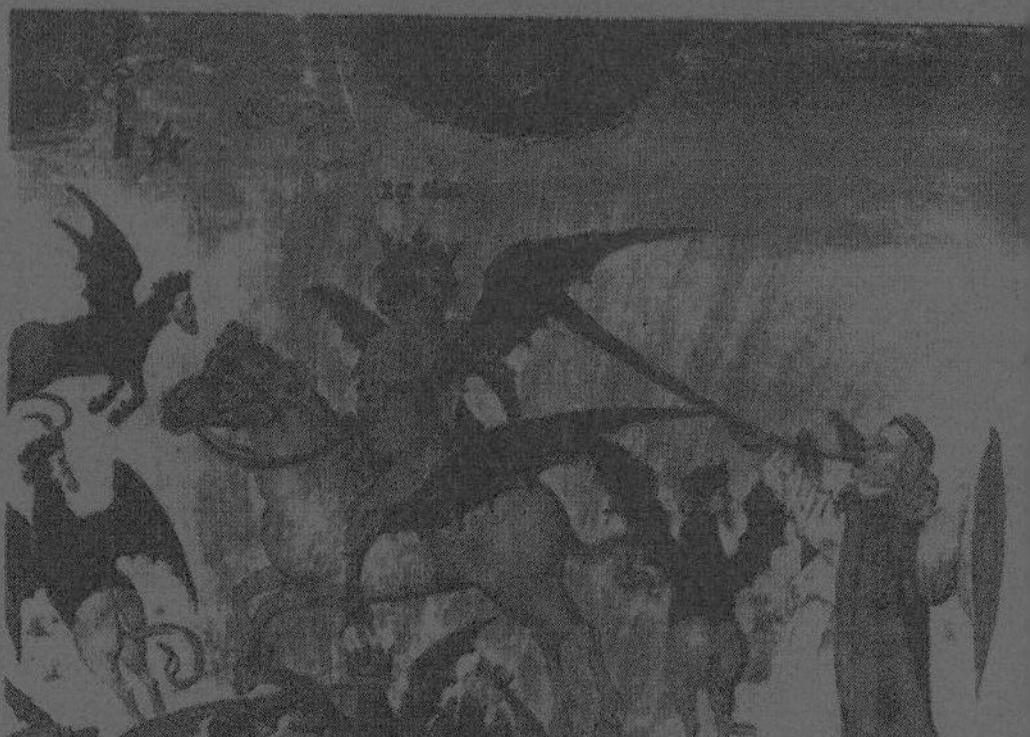

▲死神《しにがみ》ベヘモスのまわりには，半人獣《はんにんじゅう》の姿《すがた》をした子分《こぶん》の妖怪《ようかい》たちが無数《むすう》に集《あつ》まっていて，人間《にんげん》を地獄《じごく》にひきずり落《お》とした。

47

ユニコーン

ユニコーンは，天国《てんごく》からやってきたという雪《ゆき》のように白《しろ》い馬《うま》だ。このユニコーンをたいせつに飼《か》っていると，美《うつく》しいガールフレンドと知《し》りあったり，宝石《ほうせき》が思《おも》いがけず手《て》にはいったりして，すばらしい幸運《こううん》がつづくという。頭《あたま》の上《うえ》にある一本《ぽん》の角《つの》が超能力《ちょうのうりょく》をもっていて，いろいろなよいことを知《し》らせてくれるからだ。しかし，100 年《ねん》に 1 回《かい》しかあらわれない。

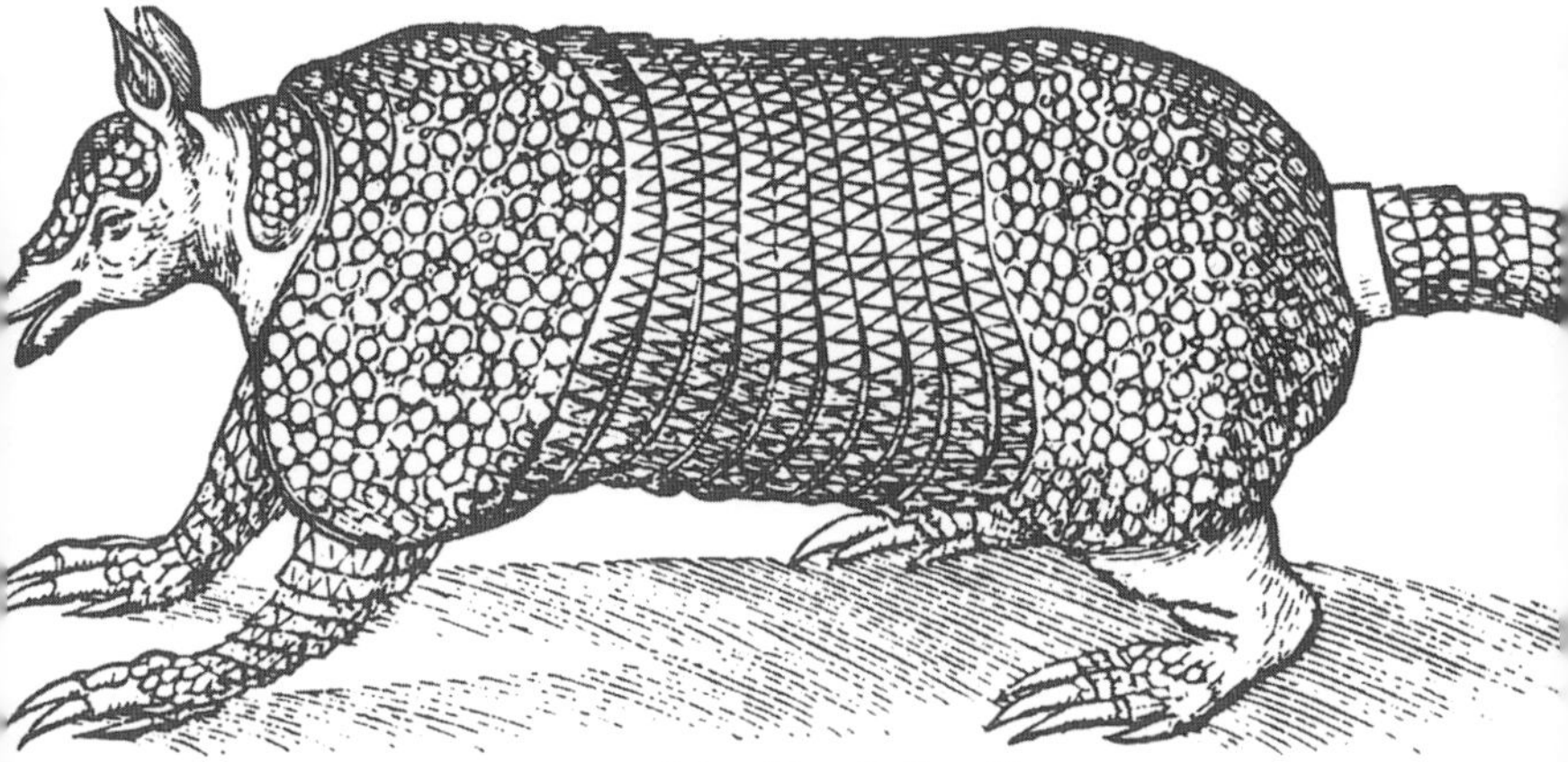

鉄獣《てつじゅう》イバクは，どんな弓矢《ゆみや》や剣《けん》や鉄砲《てつぽう》の玉《たま》でも，たちまちはねとばしてしまう固《かた》いウロコが何枚《なんまい》も重《かさ》なっていた。そしてサイのように，もうぜんとまっすぐに突進《とつしん》するので，レンガ建《だ》ての館《やかた》なども，くずれて倒《たお》れたという。おもにオランダにいた妖獣《ようじゆう》だが，塩《しお》をかけると10日間《かかん》ほどで死《し》んだという。

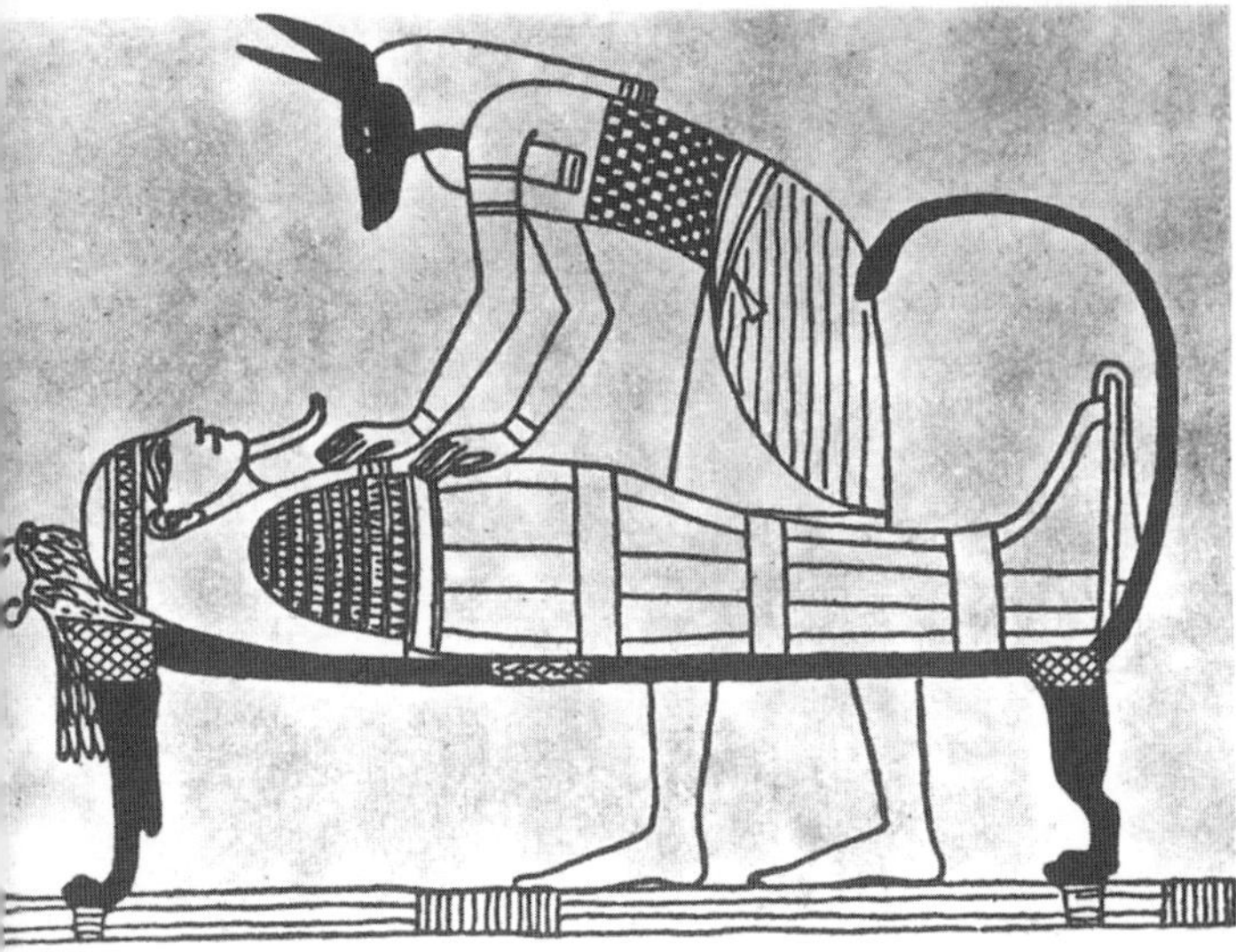

る死神《しにがみ》アヌビスは、山《やま》イヌの姿《すがた》をしている。王《おう》さまの墓《はか》をあばいたり、ミイラにさわった人《ひと》には、かならずのろいをかけて狂人《きょうじん》にしたり、ふしぎな熱病《ねつびょう》をうつして殺《ころ》すという。

大蛇《だいじゃ》ヒドラ

ギリシアのレルナという沼《ぬま》にすんでいたヒドラは、決《けっ》して死《し》なないという大蛇《だいじゃ》だった。しかも、九つも頭《あたま》があって毒液《どくえき》をキリのようにはいた。そして沼《ぬま》の近《ちか》くの牛《うし》や羊《ひつじ》をひと口《くち》でのみこみ、人間《にんげん》を次《つぎ》つぎとおそったので、沼《ぬま》のまわりには、どんな動物《どうぶつ》もいなくなってしまったという。もちろん、大蛇《だいじゃ》ヒドラをたいじしようとしたが、一つの頭《あたま》を切《き》り落《お》とすと、たちまち切《き》り口《くち》から二つの頭《あたま》がはえだしまん中《なか》の頭《あたま》だけは剣《けん》で切《き》りつけても死《し》なない魔力《まりょく》をもっていた。そこで、英雄《えいゆう》ヘラクレスが、頭《あたま》を切《き》ってすぐ、切《き》り口《くち》をたいまつで焼《や》き、不死《ふし》の頭《あたま》は大《おお》きな石《いし》の下《した》にうめたという。

▼ギリシアの英雄《えいゆう》ヘラクレス（右側《みぎがわ》の人物《じんぶつ》）が，たいまつの火《ひ》でヒドラをたいじしたときの昔《むかし》の絵《え》。

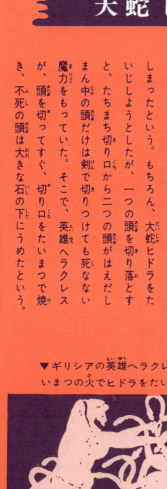

魔獣《まじゅう》ギラード

怪鳥《かいちょう》とも怪獣《かいじゅう》ともつかぬ魔獣《まじゅう》ギラードは、その昔《むかし》アメリカ大陸《たいりく》でものすごく大《おお》あばれして、インディアンたちに恐《おそ》れられた。夜《よる》になると音《おと》もなく飛《と》んできて、放牧《ほうぼく》している牛《うし》の首《くび》に長《なが》い鉄《てつ》のクサリのようなしっぽをまきつけ、しっぽの先《さき》から毒針《どくばり》を発射《はっしゃ》して牛《うし》を次《つぎ》つぎと殺《ころ》した。そして、頭《あたま》のするどい角《つの》で牛《うし》の皮《かわ》をサッと切《き》りさくと、牛《うし》の心臓《しんぞう》だけをガツガツとむさぼりくった。

魔獣《まじゅう》ギラードは、牛《うし》の心臓《しんぞう》を食《た》べてだんだん大《おお》きくなり、人間《にんげん》の脳《のう》みそを食《た》べて悪知恵《わるぢえ》をましたというが、胴体《どうたい》は岩《いわ》のように固《かた》く、羽《はね》はヤリで突《つ》きやぶっても、すぐにもとどおりにはえてくるので、たいじすることができなかった。火《ひ》ぜめにしても反対《はんたい》に火《ひ》の炎《はのお》を口《くち》から吸《す》いこんで空中《くうちゅう》に舞《ま》い上《あ》がり、

▶昔《むかし》のインディアンたちが住《す》んでいた岩穴《いわあな》の中《なか》などに、この魔《ま》獣《じゅう》の姿《すがた》が刻《きざ》まれて残《のこ》っている。

上空から炎を吹きつけて人間をやき殺したという。しかし、この魔獣《まじゅう》はサボテンの液体《えきたい》をふりかけると、あっというまに全身《ぜんしん》がどろどろにとけたという。

＊影《かげ》なしドッグ

昼《ひる》は全身《ぜんしん》の毛《け》が銀色《ぎんいろ》、夜《よる》になると黒《くろ》い毛《け》に変《か》わるという呪《のろ》いのイヌだ。このイヌは、どんな光《ひかり》をあてても影《かげ》がないのでわかるが、とりつかれたらさいご、死《し》ぬまで十三回《かい》は、大《おお》きな不幸《ふこう》をまねいて苦《くる》しむという。

＊ 海中《かいちゅう》ライオン

相手《あいて》のほうから戦《たたか》いをいどまれないかぎり，ゆうぜんとかまえている海《うみ》の王者《おうじゃ》。いつも弱《よわ》いものを助《たす》け，自分《じぶん》がかなわない大海蛇《おおうみへび》でも，戦《たたか》ったら死《し》ぬまでひきさがらない。

＊カニ魔王《まおう》

古代《こだい》インカ文明《ぶんめい》（いまのペルー）のころ、海岸《かいがん》には巨大《きょだい》なカニ魔王《まおう》がいて、数《すう》万匹《びき》のカニを支配《しはい》していたという。一年《ねん》に一度《ど》は若《わか》い娘《むすめ》をいけにえにささげないと、船《ふね》や人間《にんげん》にむらがって切《き》りきざんだという。

ガネーシア

▼インドには昔《むかし》から，きみょうな妖怪《ようかい》がたくさんいる。動物《どうぶつ》と人間《にんげん》がからみあった妖怪《ようかい》で，ふしぎなことに人間《にんげん》に害《がい》はない。

インドの妖怪《ようかい》ガネーシアは、頭《あたま》がゾウで、からだは人間《にんげん》。腕《うで》が四本《ほん》もあって、ものすごく大《おお》きなネズミに乗《の》っている。このネズミは足《あし》で飛《と》び上《あ》がると、空中《くうちゅう》を百メートルも水平《すいへい》飛行《ひこう》するという超能力《ちょうのうりょく》をもっているが、決《けっ》して人間《にんげん》をおそったりはしない。

妖怪《ようかい》ガネーシアは、夜中《よなか》になると、あまい物《もの》だけをさがして飛《と》び歩《ある》くという、とてものんびりした変《か》わった妖怪《ようかい》なのだ。

魔獣《まじゅう》バタンガ

　パキスタンやアフガニスタン、イランなどの国《くに》では、ずっと昔《むかし》、人間《にんげん》が死《し》ぬと動物《どうぶつ》に生《う》まれ変《か》わると信《しん》じられていた。そして、死《し》んだ動物《どうぶつ》たちは反対《はんたい》に人間《にんげん》の姿《すがた》になるのではないかと考《かんが》えられていた。

　魔獣《まじゅう》バタンガは、その死《し》んだ動物《どうぶつ》たちの霊魂《れいこん》がやってくる世界《せかい》の大《おお》ボスだ（写真《しゃしん》の右《みぎ》はしの妖怪《ようかい》）。ウマやキツネなど、どんな動物《どうぶつ》が死《し》んでも、魔獣《まじゅ》バタンガは頭《あたま》だけを残《のこ》してからだを人間《にんげん》の姿《すがた》に変《か》える魔力《まりょく》をもっていた。頭《あたま》だけは、どうしても人間《にんげん》の顔《かお》にすることができなかったという。そして、バタンガたちは人間《にんげん》の生活《せいかつ》のまねをして、宮殿《きゅうでん》をつくったり、歌《うた》っておどって楽《たの》しくくらし、動物《どうぶつ》だったころのことを忘《わす》れるのだという。

▲ベータラー

ネコの姿《すがた》で赤《あか》い長《なが》い毛《け》が全身《ぜんしん》をおおっているインドの妖怪《ようかい》。死体《したい》にくしゃみをさせて，人《ひと》びとをビックリさせるのが得意《とくい》。

▲水蛇《みずへび》ハイドロス

エジプトのナイル川《かわ》
すんでいた水蛇《みずへび》で，水《みず》
などを食《た》べているが，
間《げん》を水中《すいちゅう》にひきずりこ

◀人《ひと》くいオオカミ

ドイツの山奥《やまおく》にいる人《ひと》くいオオカミは、銀色《ぎんいろ》の毛《け》でおおわれていて、美《うつく》しい女《おんな》の人《ひと》に化《ば》けて近《ちか》づき急《きゅう》に変身《へんしん》して人間《にんげん》をおそった。

▲怪獣《かいじゅう》モドク

アメリカのロッキー山脈《さんみゃく》にあらわれた怪獣《かいじゅう》。口《くち》から白《しろ》いトリモチのようなものを吹《ふ》いて、これにさわると全身《ぜんしん》ヤケドをおったようにヒフがただれて死《し》んだ。

▶ワジト

エジプトにいた羽《はね》のある蛇《へび》の妖怪《ようかい》。悪《わる》い魂《たましい》を人間《にんげん》にのりうつらせる恐《おそ》ろしい蛇《へび》で、夜中《よなか》に空《そら》を飛《と》んで家《いえ》の中《なか》にしのびこみ、悪人《あくにん》をつくった。

フェニックス

頭《あたま》がワニでタカの姿《すがた》をしているこの怪鳥《かいちょう》は、ペルーの国《くに》にいたフェニックスだ。二つの羽《はね》とからだは、そんなに固《かた》くはないのに、弓矢《ゆみや》や剣《けん》で切《き》りつけても、強力《きょうりょく》なゴムのようにははじきかえされてしまうので、ぜったいに傷《きず》つくことがない。

最初《さいしょ》は何《なん》千年《ねん》もの間《あいだ》、大《おお》きな岩《いわ》の中《なか》にとじこめられていたフェニックスの卵《たまご》が、あるとき落雷《らくらい》によって岩《いわ》が割《わ》れ、この世《よ》に生《う》まれ出《で》たという。そして九百年《ねん》も生《い》きつづけたフェニックスは、死《し》んでもまた新《あたら》しい鳥《とり》として生《う》まれ変《か》わり、不死鳥《ふしちょう》として、りっぱな人《ひと》を不死《ふし》の国《くに》へ運《はこ》んだという。

▼山奥《やまおく》の岩《がん》ぺきの上《うえ》で，エジプトの不死鳥《ふしちょう》が火《ひ》の中《なか》にはいり，みずから焼《や》け死《し》ぬところ。

◀中国《ちゅうごく》の不死鳥《ふしちょう》〈銀鳥《ぎんちょう》〉

不死鳥フェニックスは、その国によって特長《とくちょう》がある。エジプトの場合《ばあい》五百年《ねん》に一度《ど》ずつ、みずから火《ひ》の中《なか》で焼《や》け死《し》んで、その灰《はい》の中《なか》から再《ふたた》び不死鳥《ふしちょう》が生《う》まれた。中国《ちゅうごく》では銀鳥《ぎんちょう》、日本《にっぽん》では鳳凰《ほうおう》、アラビアでは火《ひ》の鳥《とり》と呼《よ》ばれ幸運《こううん》をもたらす鳥《とり》とされた。

▶再《ふたた》び生《い》きかえったフェニックス

怪鳥《かいちょう》バジリスク

怪鳥《かいちょう》バジリスクは，蛇《へび》のようなしっぽをもち頭《あたま》はニワトリの姿《すがた》をしている。しかし，もともとはトカゲの一種《しゅ》だったものが，悪魔《あくま》によってこのような姿《すがた》に変《か》えられた。

またバジリスクが，その家《いえ》の屋根《やね》に飛《と》びおりるとかならず不幸《ふこう》がおとずれ，そして人間《にんげん》をにらみつけただけで殺《ころ》すという恐《おそ》ろしい魔力《まりょく》をもっているアフリカの怪鳥《かいちょう》。

＊蛇《へび》くいイチモン

獣《じゅう》で、アリクイという動物《どうぶつ》にちょっとにている。その鼻《はな》さきで蛇《へび》のにおいをたちどころにかぎつけ、小《ちい》さな蛇《へび》ならソバを食《た》べるようにスルスルッとのみこんでしまう。そして、どんな毒蛇《どくへび》だろうとぜんぜん平気《へいき》だ。毒《どく》のキバでかみついてきても、むしろ毒《どく》がまわるのを楽《たの》しむふうにゆうぜんと毒蛇《どくへび》を食《た》べるのだ。

しかし、ニシキ蛇《へび》のような大蛇《だいじゃ》と出《て》あったときは、どうなるだろうか。さすがのイチモンも、ニシキヘビに全身《ぜんしん》をぐるぐるとまかれて身動《みうご》きできなくなる。だが妖獣《ようじゅう》イチモンは、いよいよとなったときものすごい怪力《かいりき》をだすのだ。

イチモンのからだが、ググッとふくらんだようになってニシキヘビの胴体《どうたい》が一瞬《しゅん》にしてバラバラにちぎれるのだ。だがこの妖獣《ようじゅう》もハチの毒《どく》には弱《よわ》かったという。

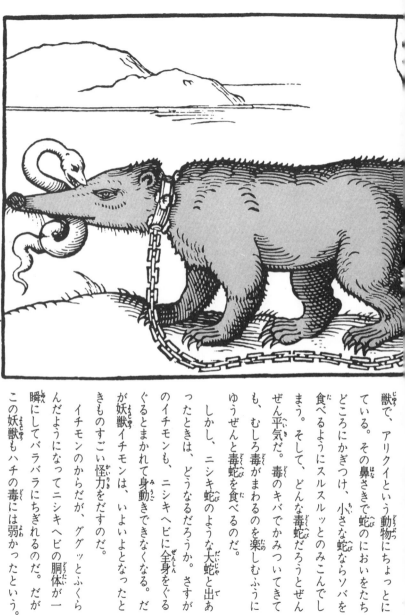

地獄《じごく》のタイガー

　地獄《じごく》の森《もり》に住《す》んでいるという三つ頭《あたま》のタイガーは，ほえると地震《じしん》のごとく森《もり》の中《なか》がふるえた。耳《みみ》がツンボになるほど，ものすごく大《おお》きいほえ声《ごえ》なのだ。そして，人間《にんげん》のにおいをかぎつけるのがするどく，どんな遠《とお》くからでも飛《と》んできて，どこまでも人間《にんげん》を追《お》いつづけた。地獄《じごく》の帝王《ていおう》プルトーの命令《めいれい》によって見《み》はりをしているタイガーは，地獄《じごく》の森《もり》の中《なか》から人間《にんげん》が逃《に》げださないようにし，地獄《じごく》の森《もり》にはいった人間《にんげん》をぜったいに帰《かえ》らせないようにするのが役目《やくめ》なのだ。

＊火《ひ》トカゲ

火《ひ》トカゲは，ほかの天体《てんたい》の星《ほし》からやってきたという宇宙動物《うちゅうどうぶつ》。それで，背中《せなか》に星《ほし》のマークがついているが，もえる火《ひ》の中《なか》でも平気《へいき》で生《い》きている。そして火《ひ》トカゲは，テレパシーを使《つか》って人間《にんげん》の考《かんが》えていることを知《し》るので，ぜったいに殺《ころ》すことはできないという。

＊二頭《とう》トカゲ

オーストラリアの妖怪《ようかい》で，胴体《どうたい》をまっぷたつに切《き》るとすぐそこから新《あたら》しい頭《あたま》がはえてくる。口《くち》から赤《あか》いキリのようなものをはいて動物《どうぶつ》や人間《にんげん》をねむらせ，それからゆっくりと食《た》べる。

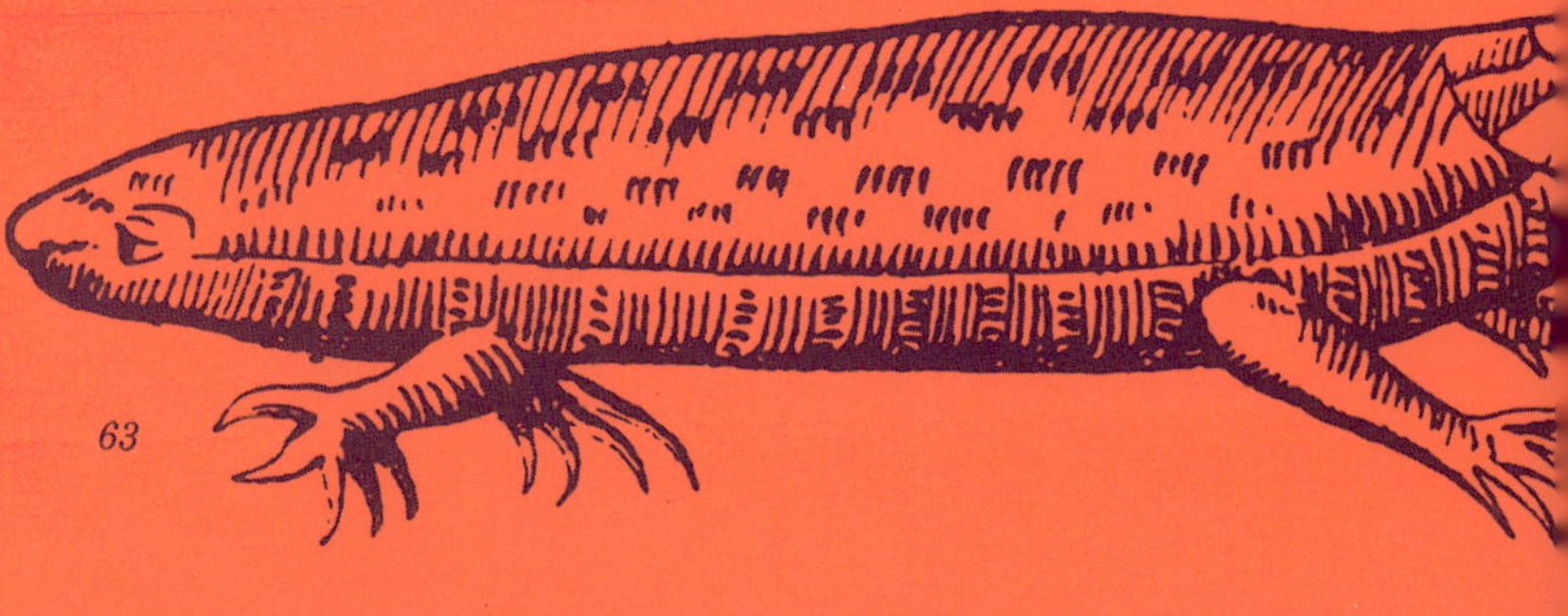

妖怪学②

＊妖獣《ようじゅう》と怪獣《かいじゅう》

妖怪《ようかい》のなかの妖獣《ようじゅう》と怪獣《かいじゅう》は、よくにているようだが、じっさいはかなりちがう。妖獣《ようじゅう》は、かならず魔力《まりょく》や超能力《ちょうのうりょく》をもっていて、ドラゴンのように口《くち》から火《ひ》をはいたり空中《くうちゅう》を飛《と》んだり、不死《ふし》の魔力《まりょく》があったりする。

怪獣《かいじゅう》のほうは、ネス湖《こ》の怪獣《かいじゅう》や大海蛇《おおうみへび》のように、大《おお》あばれしたり水面《すいめん》からぬっとあらわれて人間《にんげん》をびっくりさせるぐらいのものだ。

怪獣《かいじゅう》のほとんどは、いまではほろんでしまっているが、大海蛇《おおうみへび》はリュウグウノツカイという水生動《すいせいどう》物《ぶつ》だろうということになっている。このリュウグウノツカイは、現在《げんざい》チリの首都《しゅと》サンチャゴの水族博物《すいぞくはくぶつ》館《かん》に、ただ一頭《とう》だけハクセイにされて保存《ほぞん》されているが、そうなると大海蛇《おおうみへび》は実在《じつざい》の動物《どうぶつ》で、妖怪《ようかい》というよりは怪獣《かいじゅう》ということになるわけだ。

だから、いろいろな妖怪《ようかい》や妖獣《ようじゅう》のなかには、ずっと昔《むかし》にはこの地《ち》球《きゅう》に実在《じつざい》した動物《どうぶつ》や怪獣《かいじゅう》が、まだまだいるのかもしれない。そういう、めずらしい怪獣《かいじゅう》などは、ざんねんなことに、ほとんど全《ぜん》めつしてしまっているので、なかなか調《しら》べるのがむずかしい。しかし、妖《よう》怪《かい》のなかには、変《か》わった動物《どうぶつ》の姿《すがた》をさらにおもしろく想像《そうぞう》をつけ加《くわ》えたものもあるので、古《ふる》い時代《じだい》の動物《どうぶつ》を推理《すいり》してみるのも楽《たの》しい。

★魔女《まじょ》やミイラ男《おとこ》などは，どのようにしてこの世《よ》に出《で》てきたのだろうか？

2 人間の妖怪

★ほうきに乗《の》って夜空《よぞら》を飛《と》ぶという魔女《まじょ》は、いったいどんな方法《ほうほう》でふ
★しぎな魔術《まじゅつ》を身《み》につけたのだろうか。その正体《しょうたい》をさぐってみよう。

幽《ゆう》霊《れい》騎《き》手《しゅ》

雨《あめ》のふる秋《あき》の夜《よる》のこと。遠《とお》くのやみのほうで青白《あおじろ》い鬼火《おにび》が、とろとろともえている。なんだろうと思《おも》って外《そと》へ出《で》てみると、うしろのほうでパカパカと馬《うま》の足音《あしおと》がする。ひょいとふりかえると、そこにはガイコツの馬《うま》に乗《の》った幽霊騎手《ゆうれいきしゅ》がいつのまにか立《た》っているではないか。だが、この幽霊騎手《ゆうれいきしゅ》の姿《すがた》をちょっとでも見《み》た人《ひと》は一瞬《いっしゅん》にして魂《たましい》をうばわれ、クサリにつながれて死《し》の世界《せかい》へ連《つ》れて行《い》かれるのだ。イタリアの恐《おそ》ろしい妖怪《ようかい》だ。

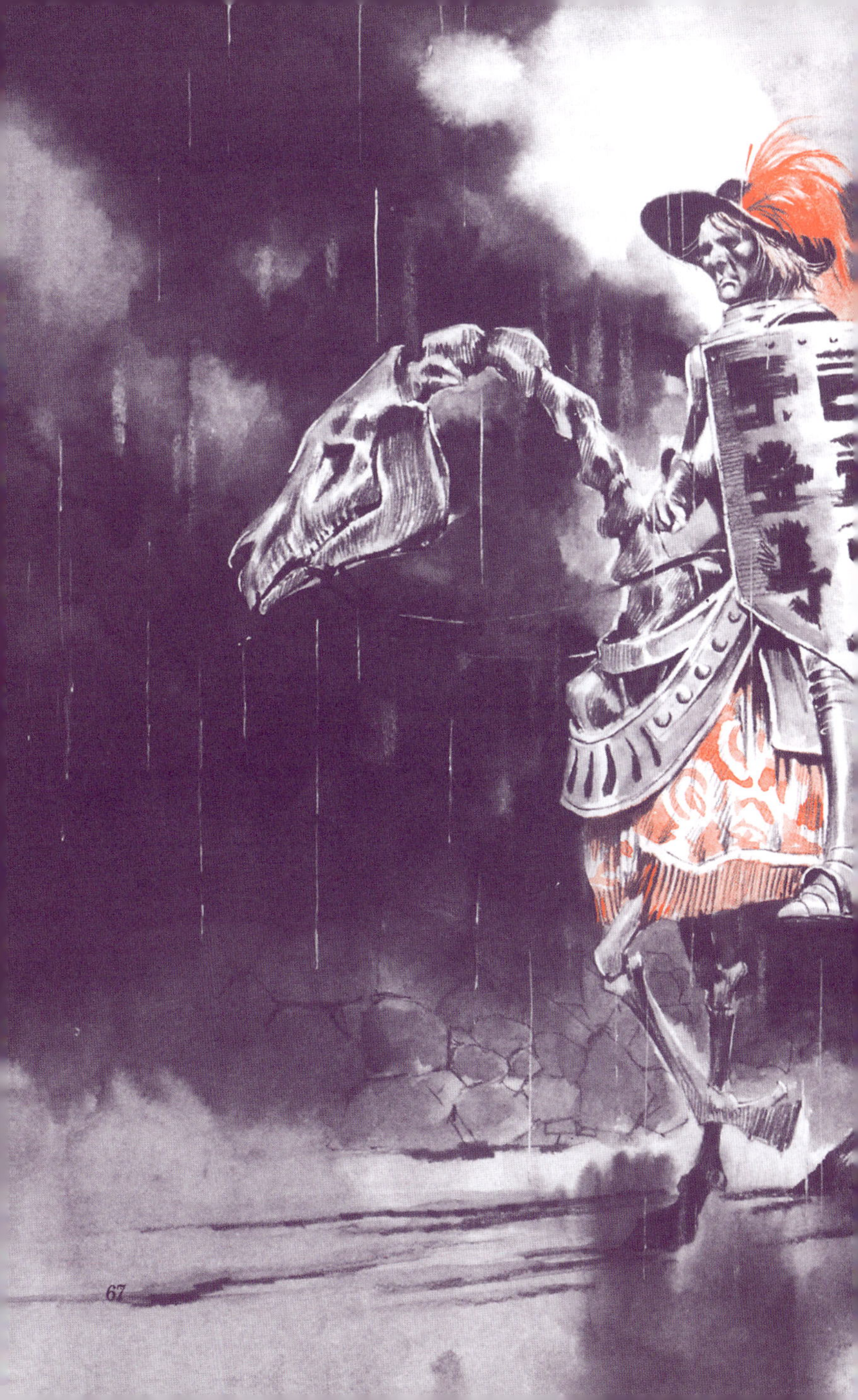

半女半男人《はんにょはんなんじん》

男性《だんせい》と女性《じょせい》が半分《はんぶん》ずつつながった奇怪《きかい》な姿《すがた》をしているが，世界《せかい》じゅうの空《そら》を飛《と》びまわって，ものすごい超能力《ちょうのうりょく》を使《つか》った。男《おとこ》のほうは太陽《たいよう》を女《おんな》のほうは月《つき》をあやつることができたので，自由《じゆう》に太陽《たいよう》をくもらせて雨《あめ》をふらせ嵐《あらし》をまきおこし，月《つき》の光《ひかり》を消《け》したりすることができた。妖怪《ようかい》というよりは神《かみ》さまとして考《かんが》えられるようになったが，この怪《かい》人《じん》にさからう人《ひと》は火《ひ》ふきドラゴンに焼《や》き殺《ころ》された。

＊海中魔女《かいちゅうまじょ》

地上《ちじょう》にいる魔女《まじょ》とはちがって、海底《かいてい》の深《ふか》いところにいて千年《ねん》以上《いじょう》も歳《とし》をとった白髪《はくはつ》の老《ろう》

＊妖女《ようじょ》スパイダー

ドイツの古城《こじょう》にすんでいたローヌ伯爵夫人《はくしゃくふじん》は、まだらグモの魔力《まりょく》によってスパイダー（ク

ごい千里眼《せんりがん》をもっている。そして、海《うみ》の妖怪《ようかい》や人魚《にんぎょ》たちを支配《しはい》している海中魔女《かいちゅうまじょ》は、命令《めいれい》に反《はん》したものには恐《おそ》ろしい毒液《どくえき》で姿《すがた》を変《か》えてしまうのだ。もし、人魚《にんぎょ》が人間《にんげん》の若者《わかもの》に恋《こい》をして人間《にんげん》になりたいと思《おも》うと、魔女《まじょ》はたちまち、その人魚《にんぎょ》を呼《よ》んで毒液《どくえき》を流《なが》し、みにくい海獣《かいじゅう》の姿《すがた》に変《か》えるのだ。しかも、魔女《まじょ》がおこったときは、人間《にんげん》も人魚《にんぎょ》にされるという。

若《わか》く美《うつく》しい姿《すがた》でいることを条件《じょうけん》に、ローヌ伯爵夫人《はくしゃくふじん》をクモ女《おんな》と化《か》してしまったのだ。それで、ローヌ夫人《ふじん》は三百年間《ねんかん》も若《わか》い姿《すがた》のままで生《い》きたというが次《つぎ》からつぎと騎士《きし》をゆうわくし、いきなりクモ女《おんな》に変身《へんしん》した。クモの糸《いと》で動《うご》けなくなった騎士《きし》は血《ち》を吸《す》われて、たちまち白骨《はっこつ》と化《か》したという。

妖花《ようか》アルラウネ

いまから五百年《ねん》ほどまえのドイツでのこと　夜空《よぞら》にあやしく光《ひか》る三日《みか》月《つき》の下《した》で、処刑場《しょけいじょう》の断頭台《だんとうだい》がぶきみに静《しず》まりかえっていた。

すると、断頭台《だんとうだい》のそばにはえていた名《な》もない草《くさ》が、とつぜんするするっと大《おお》きくなって、まっ赤《か》な花《はな》を咲《さ》かせたのだ。何《なん》百人《にん》もの死刑人《しけいにん》の血《ち》を根《ね》からすいとっていた草《くさ》には、恐《おそ》ろしいたたりの魂《たましい》がこもったのだろうか。赤《あか》く咲《さ》いた花《はな》の中《なか》から、ぶきみなほど美《うつく》しい女《おんな》アルラウネが、すうっと生《う》まれ出《で》てきたのだ。そしてこのアルラウネの美《うつく》しさに見《み》とれた人《ひと》は、わずか三日《か》間《かん》で死《し》んだという。

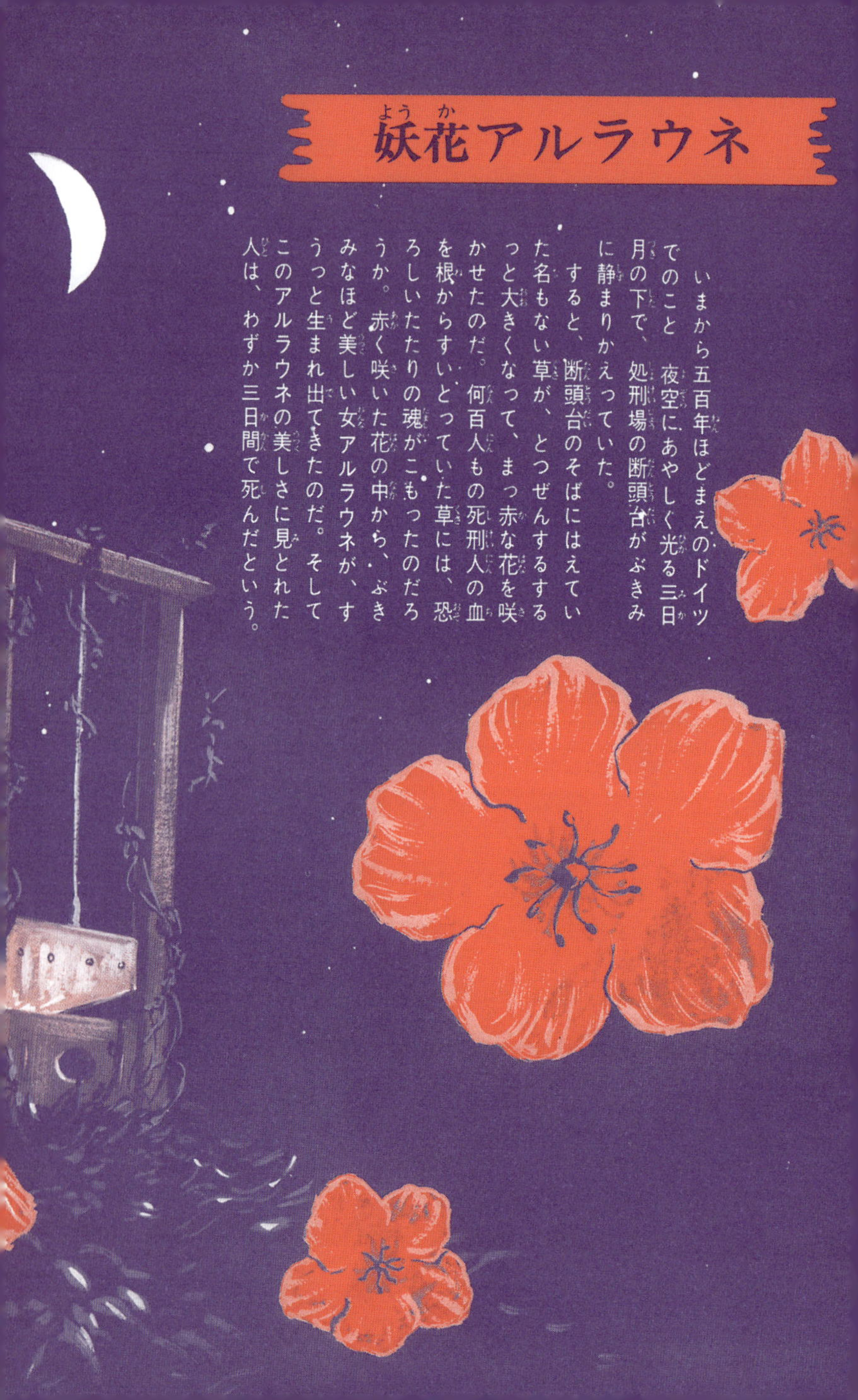

墓《はか》あらし

月《つき》の光《ひかり》もない夜《よる》になると墓場《はかば》にむれあつまってくるイタリアの妖怪《ようかい》。ネコのような金色《きんいろ》の目《め》が四つ。頭《あたま》の毛《け》はさかだち、はだかのせむしのような姿《すがた》で地面《じめん》をはいまわる。死体《したい》のにおいをかぎつけると，墓《はか》の土《つち》を手《て》でほりおこして死体《したい》を引《ひ》きずりだすのだ。そして，五〜六ぴきの〈墓《はか》あらし〉は死体《したい》の肉《にく》と骨《ほね》をくいちぎるのだ。人間《にんげん》に見《み》つかると毒《どく》ガスを発《はっ》して気絶《きぜつ》させ，墓穴《はかあな》にうめてしまう。

▲八面鬼《めんき》

八つの顔《かお》が、からだじゅうについている中国《ちゅうごく》の妖怪《ようかい》。頭《あたま》の三つの角《つの》はアンテナのように遠《とお》くの事件《じけん》をキャッチし、耳《みみ》は地獄耳《じごくみみ》。八つの顔《かお》で人間《にんげん》の心《こころ》の中《なか》まで知《し》ることができるので、ウソをつくと殺《ころ》されてしまう。

▼生首幽霊《なまくびゆうれい》

フランスの古城《こじょう》にあらわれる妖怪《ようかい》。真夜中《まよなか》になると，城《しろ》のろうかを生首《なまくび》を片手《かたて》にぶら下《さ》げた昔《むかし》の若《わか》い城主《じょうしゅ》の幽霊《ゆうれい》が，ゴトンゴトンと足音《あしおと》をたてて歩《ある》きだす。そして，城《しろ》の中《なか》にとまった人《ひと》びとは，生首《なまくび》がケラケラと笑《わら》うのを見《み》たとたん，首《くび》つりをしたくなって死《し》ぬという。

▼怪人《かいじん》アラン

顔《かお》は人間《にんげん》によくにているが，全身《ぜんしん》はサルの毛《け》がはえていて、昼間《ひるま》は木《き》の上《うえ》でねむっている。ところが夜《よる》にな と，怪人《かいじん》アランの子分《こぶん》であるロバの うな馬《うま》にのって，村々《むらむら》にあらわれる。橋《はし》をこわしたり火《ひ》をつけたりしてイ ズラ好《ず》きだが，すて子《ご》を見《み》つけると 事《じ》に育《そだ》てるというフィリピンの妖怪《ようかい》

◀馬《ば》頭《とう》魔《ま》人《じん》

悪魔《あくま》に魂《たましい》を売《う》りわたす約束《やくそく》をして、馬《うま》で逃《に》げようとした女《おんな》の人《ひと》が馬頭魔人《ばとうまじん》の姿《すがた》にされてしまった。それで、しっぽとおしりに悪魔《あくま》の顔《かお》がついているが、馬《うま》を病気《びょうき》にさせたりとつぜん馬《うま》を暴走《ぼうそう》させたりして、馬《うま》に乗《の》っている人《ひと》を落馬《らくば》させて殺《ころ》した。

とりかえっ子《こ》

真夜《まよ》中《なか》になると、バッタによくにた昆《こん》虫《ちゅう》の小《ちい》さな車《くるま》に乗《の》って、みにくい小《こ》人《びと》老《ろう》人《じん》がやってくる。背《せ》の高《たか》さは三十センチほどで、せまいすき間《ま》から家《いえ》の中《なか》へしのびこむが、決《けっ》して大《おと》人《な》のいるへやにははいらない。子《こ》供《ども》のねむっているへやをさがしだすと、黒《くろ》くてしわだらけの小《ちい》さな老《ろう》人《じん》と、子《こ》供《ども》をとりかえて行《い》ってしまうアイルランドの妖怪だ。

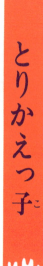

死美人《しびじん》ドローネ

死美人《しびじん》ドローネの姿《すがた》を一度《ど》でも見《み》た人《ひと》は決《けっ》して忘《わす》れられなくなるという。その美《うつく》しさのとりことなって食事《しょくじ》も忘《わす》れ、一日《にち》ごとにやせ細《ほそ》って行《い》くのだ。

真夜中《まよなか》の十二時《じ》きっかり、死美人《しびじん》ドローネは、あやしく美《うつく》しい姿《すがた》で、その人《ひと》のへやのカガミの中《なか》からあらわれる。「もし、私《わたし》を愛《あい》しているなら、あのカガミの中《なか》へはいって行《い》きましょう」とさそうのだ。しかしカガミの中《なか》へはいりこんだら最後《さいご》、カガミに一瞬《いっしゅん》、赤《あか》い血《ち》がすうっと流《なが》れおちて、その人《ひと》は死《し》の世界《せかい》へとはいってしまったことになるのだ。そして死者《ししゃ》となった人《ひと》は、ドローネが悪魔《あくま》たちにあやつられた死美人《しびじん》であることを死《し》の世界《せかい》ではじめて知《し》るのだ。

◀死《し》の世界《せかい》で、悪魔《あくま》たちにとりかこまれたドローネ。

＊黄金魔人《おうごんまじん》

フィンランドの冬《ふゆ》の夜《よる》は、とても長《なが》い。一日《にち》じゅう太陽《たいよう》の光《ひかり》があたらない白夜《びゃくや》のときもあるほどだ。そんなとき、ものすごく大《おお》きな黄金魔人《おうごんまじん》があらわれる。全身《ぜんしん》が黄金《おうごん》のウロコでおおわれ、太陽《たいよう》のように輝《かがや》くのだ。しかし、魔人《まじん》のはなつ光《ひかり》は氷《こおり》よりも冷《つめ》たいので決《けっ》して近《ちか》よれないのだ。

＊胃ぶらりん

ふつうのときは、ぜったいに妖怪《ようかい》であることがわからない。ブルガリアで、もっとも恐《おそ》れられているこの妖怪《ようかい》は、どんな人間《にんげん》にも変身《へんしん》できるので、うっかり家族《かぞく》のものだと思《おも》って同《おな》じへやでねむると大変《たいへん》だ。夜《よる》になると生首《なまくび》が胃《い》と腸《ちょう》ごとスルスルとぬけ、耳《みみ》ではばたいて生《い》き血《ち》を吸《す》いとるからだ。

魔《ま》 女《じょ》

魔女《まじょ》は、みにくい老《ろう》婆《ば》の姿《すがた》をしているとはかぎらない。十五、六歳《さい》の少女《しょうじょ》や美《うつく》しい貴《き》夫《ふ》人《じん》が魔女《まじょ》であることも多《おお》い。外《そと》から見《み》ただけでは決《けっ》してわからないが、その正体《しょうたい》を見《み》やぶるには、からだのどこかに悪魔《あくま》のサインがはだにきざまれてあるので、それを確《たし》かめるしかない。

ところで魔女《まじょ》は、人間《にんげん》をヤギやロバなどの動物《どうぶつ》に変《か》えてしまったり、たき火《び》をもやして雨《あめ》をふらせ、木《き》から水《みず》を流《なが》しだしたりするという。そして自分《じぶん》が動物《どうぶつ》に変身《へんしん》したり空中《くうちゅう》をホウキにまたがって飛《と》ぶときは、特別《とくべつ》の香油《こうゆ》をからだにぬるという。

空中《くうちゅう》を飛《と》ぶ魔女《まじょ》とフクロウになって飛《と》ぶ魔女《まじょ》。

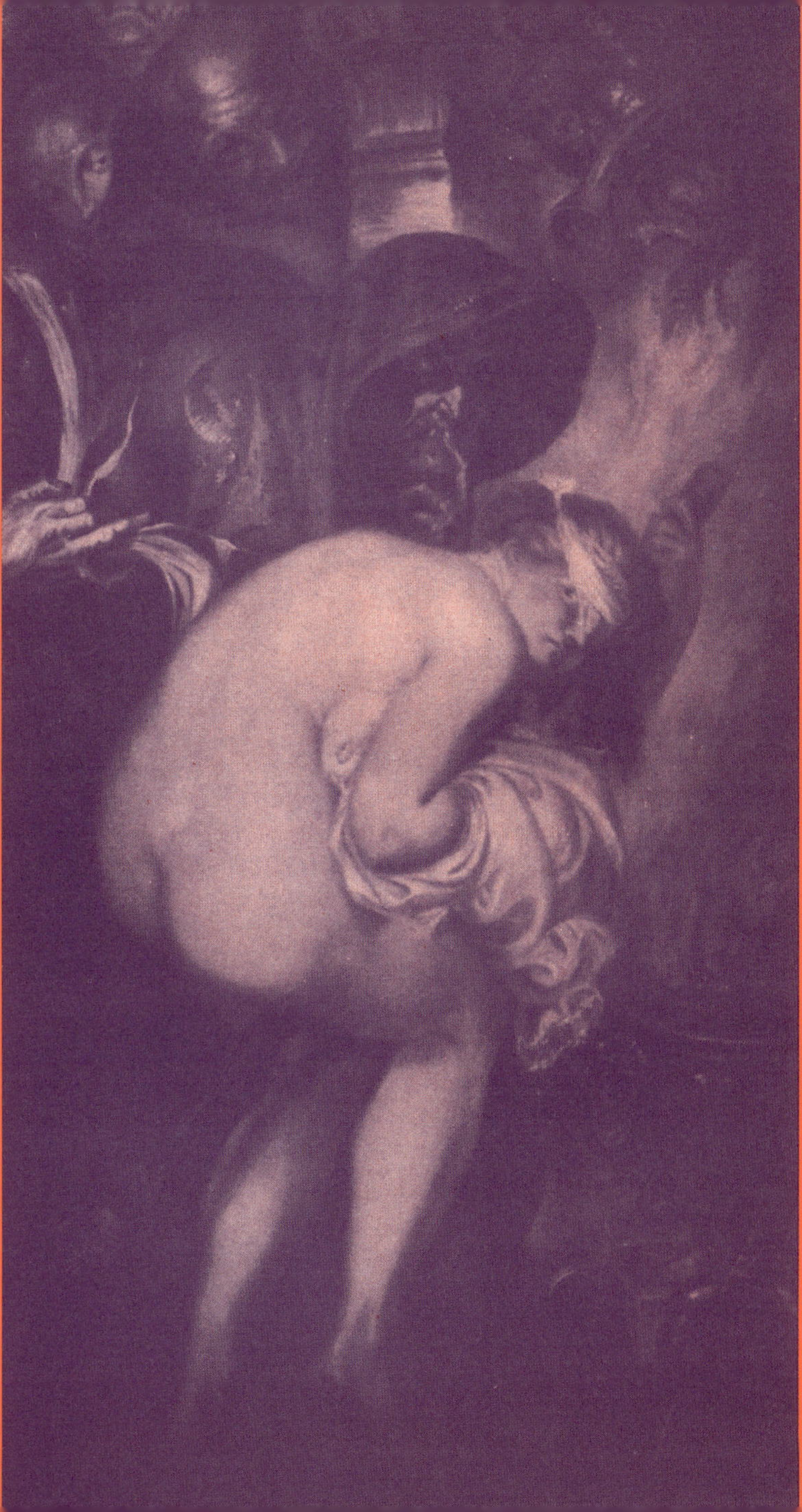

◀魔女《まじょ》が特別《とくべつ》の秘法《ひほう》で変身《へんしん》をするための香油《こうゆ》を作《つく》っている。

◀魔女《まじょ》たちが、たき火《び》でニワトリとヘビを焼《や》きながら雨《あめ》をふらせている。

▼魔女《まじょ》が木《き》の柱《はしら》にオノをあてて水《みず》を流《なが》し出《だ》しているところ。

恐《きょう》怖《ふ》の魔女《まじょ》がり

▲強力《きょうりょく》な魔《ま》力《りょく》をもつ老《ろう》魔《ま》女《じょ》

いったい魔女《まじょ》たちは、ホウキに乗《の》ってどこへ行《い》くのだろうか。それは、一か月《げつ》に一回《かい》ひらかれる悪魔《あくま》の集会《しゅうかい》に行《い》くのだ。

そこで、魔女《まじょ》は悪魔《あくま》に一か月《げつ》に一《ひと》人《り》以上《いじょう》の子供《こども》か赤《あか》んぼうを殺《ころ》したことを報告《ほうこく》するわけだ。そして、悪魔《あくま》たちは大好《だいす》きな赤《あか》んぼうを食《た》べ、魔女《まじょ》たちはうたったりおどったりして、新《あたら》しい魔術《まじゅつ》を教《おし》えられるのだ。だから年《とし》とった老婆《ろうば》の魔女《まじょ》ほど、多《おお》くの魔《ま》術《じゅつ》を使《つか》うことができるわけなのだ。

▲一か月《げつ》に一回《かい》ひらかれる悪魔《あくま》と魔女《まじょ》たちの盛大《せいだい》な集会《しゅうかい》。

て何《なん》百万人《にん》もの人《ひと》びとが死《し》んだ。そこで、これはきっと悪魔《あくま》や魔女《まじょ》のしわざだと考《かんが》えた人《ひと》びとが魔女《まじょ》がりを行《おこ》ない、魔女裁判《まじょさいばん》にかけて、魔女《まじょ》ではない罪《つみ》なき女《おんな》の人《ひと》たちが何《なん》十万人《にん》も処刑《しょけい》された事件《じけん》があった。

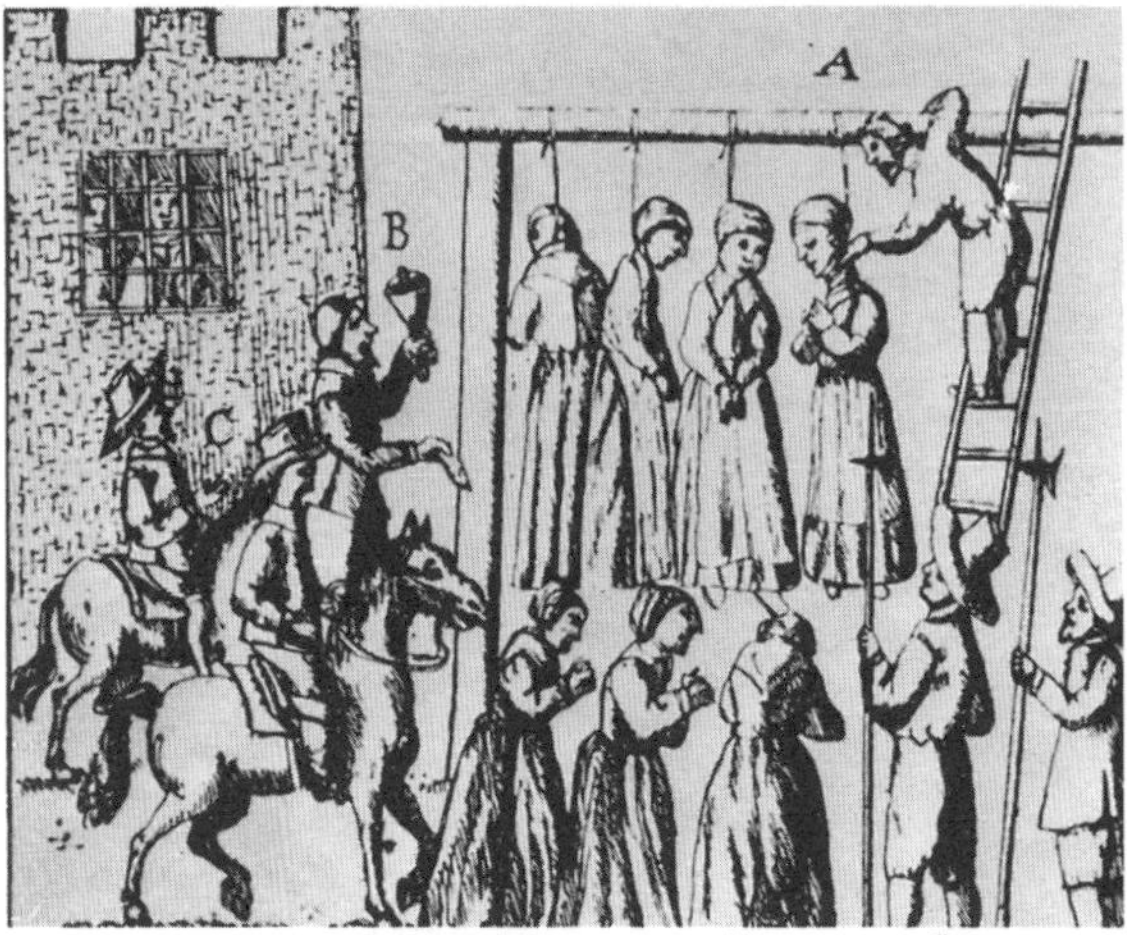

▲いいかげんな魔女裁判《まじょさいばん》で魔女《まじょ》とされた人《ひと》たちは，火《ひ》あぶりにされたり，首《くび》つりにされて次《つぎ》つぎと処刑《しょけい》された。

怪力男《かいりきおとこ》サッシー

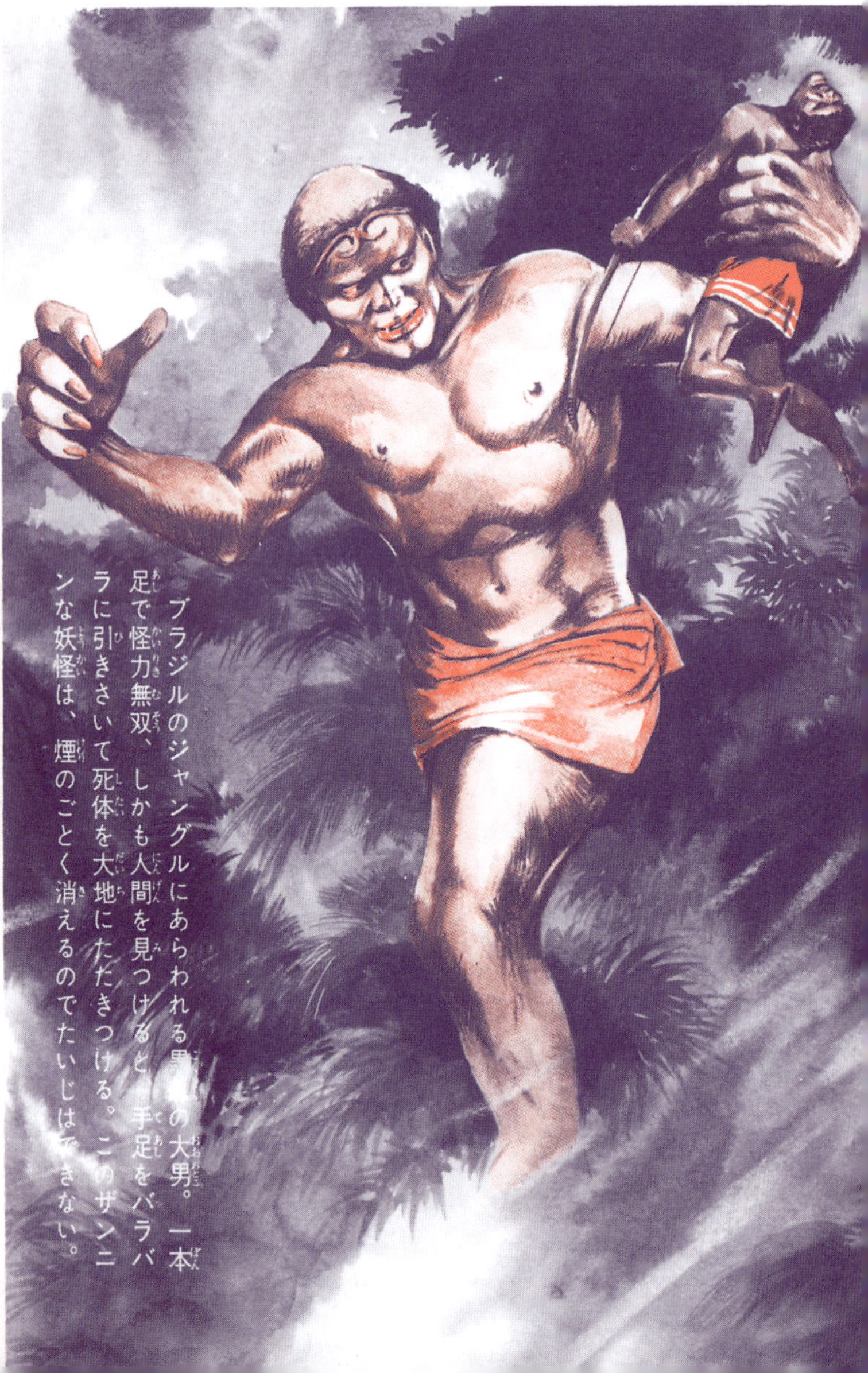

ブラジルのジャングルにあらわれる黒[illegible]の大男《おおおとこ》。一本《ぽん》足《あし》で怪力《かいりき》無双《むそう》、しかも人間《にんげん》を見《み》つけると、手足《てあし》をバラバラに引《ひ》きさいて死体《したい》を大地《だいち》にたたきつける。このザンニンな妖怪《ようかい》は、煙《けむり》のごとく消《き》えるのでたいじはできない。

うねんぶかくはない。しかし、死霊《しりょう》となるとたたりが強《つよ》く、ふくしゅうの相《あい》手《て》が死《し》ぬまでまといついてはなれない。西洋《せいよう》では、幽霊《ゆうれい》と死霊《しりょう》のちがいを服《ふく》そうのちがいで区別《くべつ》している。洋服《ようふく》を着《き》ているのが幽霊《ゆうれい》で、がいこつ姿《すがた》になるほど、たたりの強《つよ》い死霊《しりょう》なのだ。

＊首《くび》なし騎《き》士《し》

鉄《てつ》のよろい姿《すがた》に，自分《じぶん》の生首《なまくび》をわきにかかえ，黒毛《くろげ》の馬《うま》に乗《の》ってあらわれるイギリスの妖怪《ようかい》。主君《しゅくん》にけんめいに忠誠《ちゅうせい》をつくしながら裏切《うらぎ》られて無《む》ざんに処刑《しょけい》されてしまった騎士《きし》の亡霊《ぼうれい》なのだ。そして三日月《みかづき》の夜《よる》になると，かならずあらわれ，通《とお》りかかった人《ひと》に生首《なまくび》がニタリと笑《わら》ってたずねる。「人《ひと》を裏切《うらぎ》ったことがあるか」と。ウソをつくと，その場《ば》で血《ち》をはき，気《き》が狂《くる》って死《し》んでしまうという。

▲左側《ひだりがわ》が幽霊《ゆうれい》で右側《みぎがわ》が死霊《しりょう》。

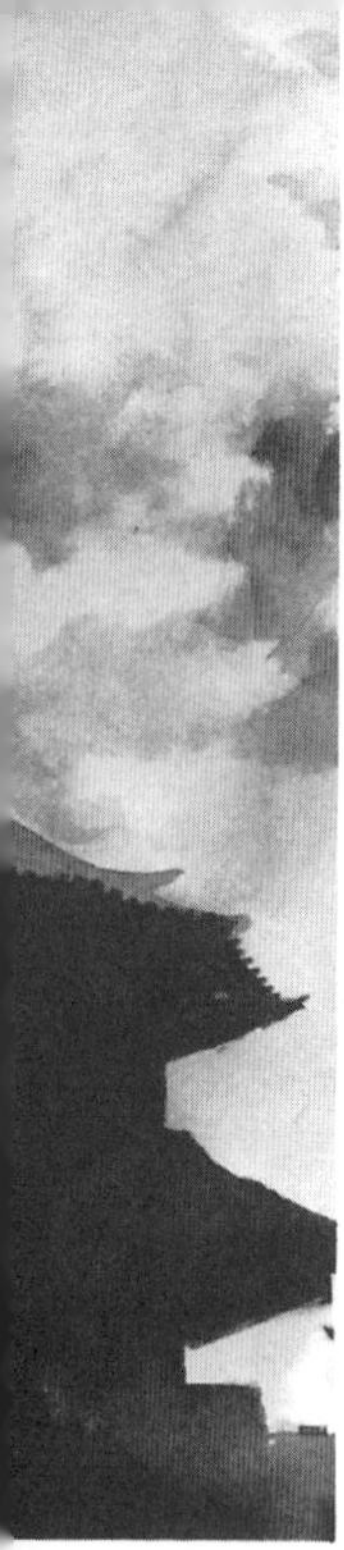

女《おんな》夜《や》叉《しゃ》

女夜叉《おんなやしゃ》は、もともとインドの悪魔《あくま》から生《う》まれた恐《おそ》ろしい妖怪《ようかい》で、中国《ちゅうごく》へうつりすんで多《おお》くの人《ひと》びとをエジキにした。八つの美《うつく》しい女《おんな》の顔《かお》と八つの女《おんな》の声《こえ》をだすことができるので、八変化《へんげ》八声色《こわいろ》の魔女《まじょ》というところだ。そして、女夜叉《おんなやしゃ》はねらった人間《にんげん》の心《こころ》の中《なか》までも知《し》ることができるので、その人《ひと》の好《す》きなタイプの女《おんな》の顔《かお》に化《ば》け、それにあわせて声《こえ》も変《か》わる。恋人《こいびと》そっくりに化《ば》けることさえ、できるわけだ。女夜叉《おんなやしゃ》は、こうして人間《にんげん》に近《ちか》づくと、いきなり首《くび》にかじりつき、耳《みみ》までさけた大《おお》きな口《くち》とするどいキバで血《ち》をすい肉を食《く》うのだ。

また、子供《こども》でも女夜叉《おんなやしゃ》が通《とお》りかかったときはふり返《かえ》らぬことだ。ふりむくと殺《ころ》されるからだ。

＊食《しょく》人《じん》鬼《き》

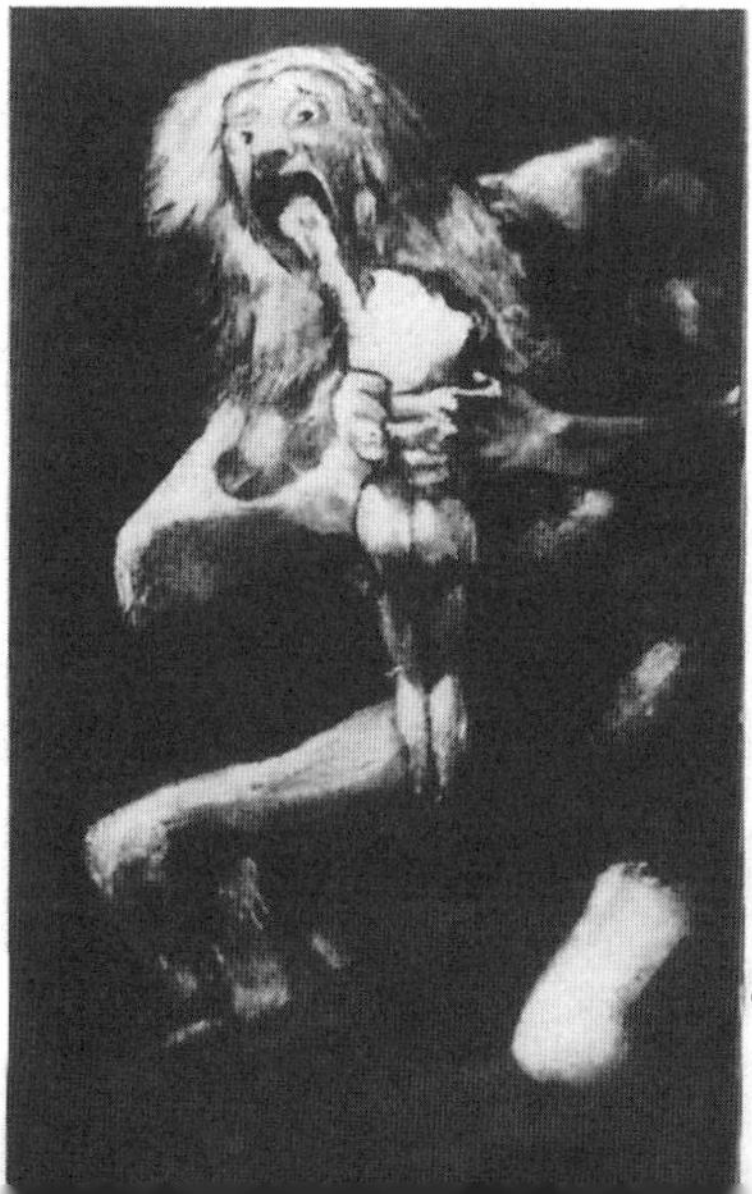

とくにポルトガルの国《くに》に多《おお》くあらわれる食人鬼《しょくじんき》は、背《せ》たけ五メートル以上《いじょう》もの巨人《きょじん》だといわれている。だが、煙《けむり》のようにとつぜん出《で》てきて、また煙《けむり》のように消《き》えてしまうので、その姿《すがた》を見《み》た人《ひと》はほとんどいない。金持《かねも》ちで、まるまると太《ふと》った人《ひと》がねらわれやすく、真夜中《まよなか》にガチャンと窓《まど》ガラスをやぶってわしづかみにし、頭《あたま》からむしゃむし

＊吸血にあ

ギリシアの神殿《しんでん》につかえていた巫女《みこ》は、いろいろな占《うらな》いをやったり儀式《ぎしき》の祈《いの》り役《やく》をやったりして、人《ひと》びとからうやまわれていた。ところが、その年《とし》とった巫女《みこ》たちは、夜《よる》になると吸血《きゅうけつ》ばばあに変身《へんしん》するのだ。墓《はか》場《ば》をうろついて、とくに少年《しょうねん》や少女《しょうじょ》の死《し》んだばかりの死体《したい》をほりおこして血《ち》をすい、心臓《しんぞう》を食《た》べたという。それは、若《わか》がえりを願《ねが》い、占《うらな》いの能力《のうりょく》を高《たか》めるためだったのだ。

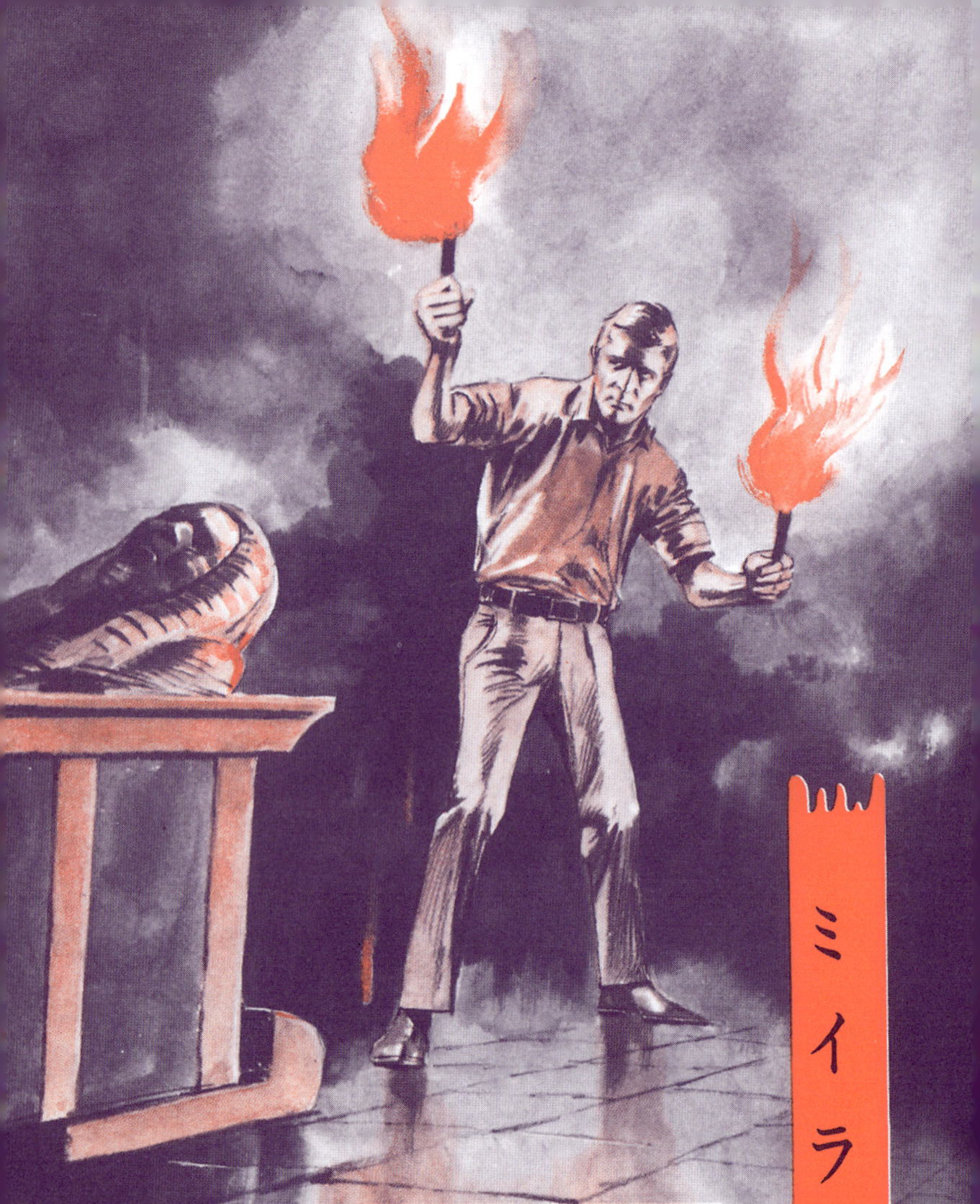

ミイラ男《おとこ》

古代《こだい》エジプト王《おう》ファラオの墓《はか》を守《まも》る兵士《へいし》のミイラが再《ふたた》び，この世《よ》に生《い》きかえったのがミイラ男《おとこ》だ。王《おう》の墓《はか》をあらしまわって財宝《ざいほう》を盗《ぬす》む墓《はか》ドロボウや墓《はか》をあばく考古学者《こうこがくしゃ》たちに，ふくしゅうするために動《うご》きだしたのだ。ミイラ男《おとこ》は，ものすごい怪力《かいりき》でピストルの弾丸《だんがん》にも平気《へいき》だ。そして，息《いき》をはくと大雨《おおあめ》をふらす超能力《ちょうのうりょく》をもっているが，火《ひ》にはとても弱《よわ》い。（122ページ参照）

どくろ天使《てんし》

どくろ天使《てんし》は，50年《ねん》に１回《かい》しかあらわれない珍《めずら》しい妖怪《ようかい》だ。その夜《よ》は，どくろ天使《てんし》が銀色《ぎんいろ》の光《ひかり》をはなちながら，森《もり》や山《やま》や墓場《はかば》や沼地《ぬまち》など夜《よ》どおし歩《ある》きまわるが，この銀色《ぎんいろ》の光《ひかり》にふれた幽霊《ゆうれい》はあっというまにキリとなり，死霊《しりょう》は一瞬《いっしゅん》にして灰《はい》となり，あらゆる妖怪《ようかい》たちは魔力《まりょく》を失《うしな》ってしまうという。

＊野《や》獣《じゅう》巨《きょ》人《じん》

ドイツの魔《ま》の山《やま》といわれるハルツ山《やま》にすんでいる野獣巨人《やじゅうきょじん》は、全身《ぜんしん》がゴリラのように毛《け》

＊幽《ゆう》霊《れい》兵《へい》士《し》

ヨーロッパでは、ときどき戦場《せんじょう》に幽霊兵士《ゆうれいへいし》があらわれて、味方《みかた》の軍《ぐん》を助《たす》けることがある。

ている。そして、ネズミのしっぽのようなものが、近《ちか》よってくる猛獣《もうじゅう》や人間《にんげん》の首《くび》に巻《ま》きついて、あっという間《ま》に殺《ころ》してしまうのだ。しかも、大《おお》きく息《いき》をすうと空中《くうちゅう》を飛《と》んでいる昆虫《こんちゅう》などが、すべて口《くち》の中《なか》にすいこまれてしまう。妖怪《ようかい》とたたかうときは、何《なん》万匹《びき》もの小《ちい》さな毒《どく》トカゲを一度《ど》に口《くち》からはき相手《あいて》をたおす。

ちが、幽霊馬に乗って相手の兵をふみたおしたり、空中《くうちゅう》を飛《と》んで弓矢《ゆみや》をうったりするという。銃撃戦《じゅうげきせん》の時代《じだい》に何《なん》百年《ねん》も昔《むかし》の騎士《きし》や弓矢《ゆみや》をもった幽霊兵士《ゆうれいへいし》があらわれるわけだ。しかも幽霊兵士《ゆうれいへいし》は決《けっ》して死《し》なないので敵軍《てきぐん》は退散《たいさん》するが、ときには敵《てき》と味方《みかた》の幽霊兵士《ゆうれいへいし》どうしがたたかうこともあるという。

悪霊《あくりょう》の女王《じょうおう》ナス

悪霊《あくりょう》の女王《じょうおう》ナスは、ハエの手足《てあし》と羽《はね》をそなえた美《うつく》しい女《おんな》の姿《すがた》をしているが、どんな手段《しゅだん》を使《つか》っても永久《えいきゅう》に死《し》なないという不死《ふし》の魔力《まりょく》をもっている。きらうのは太陽《たいよう》の光《ひかり》だけで、ほとんどの妖怪変化《ようかいへんげ》が十字架《じゅうじか》や呪文《じゅもん》にはとても弱《よわ》いのに、この女王《じょうおう》ナスには十字架《じゅうじか》も役《やく》にたたないし、たとえバクダンをしかけてもぜったいに死《し》ぬことはないのだ。

そして、女王《じょうおう》ナスにねらわれたら最後《さいご》その人《ひと》は悪霊《あくりょう》のドレイとして死《し》ぬまで悪事《あくじ》をつづけるか、その場《ば》で全身《ぜんしん》をどろどろにとかされて死《し》ぬしかないのだ。しかも女王《じょうおう》ナスは、この世《よ》に四千万人《にん》の子分《こぶん》をもち、七百七十変化《へんげ》の変身術《へんしんじゅつ》と人間《にんげん》の心《こころ》と運命《うんめい》がどうなるかというテレパシー能力《のうりょく》や予知《よち》の超能力《ちょうのうりょく》、千里眼《せんりがん》の魔力《まりょく》をもっているので、一度《ど》悪霊《あくりょう》をうえつけられた人《ひと》はのがれる方法《ほうほう》がないのだ。

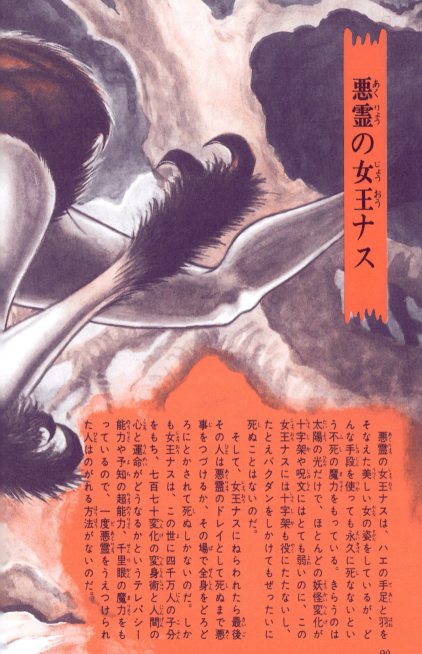

9 YOSHI 美

一本《ぽん》腕《うで》の妖女《ようじょ》

ジャマイカで、いちばん恐《おそ》れられている一本腕《ぽんうで》の妖女《ようじょ》は、満月《まんげつ》の夜《よる》になると出《で》てくる。森《もり》の奥《おく》の湖《みずうみ》の上《うえ》に月光《げっこう》がさしこむと、さっと一陣《じん》の風《かぜ》が吹《ふ》き、紫色《むらさきいろ》のカスミがかかって、その中《なか》からすばらしく美《うつく》しい女《おんな》の姿《すがた》が、もうろうとしてあらわれるのだ。そして村々《むらむら》をさまよう妖女《ようじょ》は、人間《にんげん》に出会《であ》うとすっと立《た》ちどまる。右腕《みぎうて》をあげて、やさしく手《て》まねきするのだ。思《おも》わず美《うつく》しさに見《み》とれて、うっかり近《ちか》よると、美《うつく》しく長《なが》い髪《かみ》の毛《け》が急《きゅう》にひゅっひゅっとムチのように空《くう》を切《き》る。そして、この髪《かみ》の毛《け》にふれた瞬間《しゅんかん》、全身《ぜんしん》から一度《ど》に血《ち》が吹《ふ》きだして、ミイラのようになって死《し》ぬのだ。

＊白《はく》髪《はつ》鬼《き》

暗《くら》い地下《ちか》の穴《あな》ぐらの中《なか》に四百年間《ねんかん》も閉《と》じこめられていた白髪鬼《はくはつき》が、自分《じぶん》の手《て》でトンネルをほって地上《ちじょう》へ出《で》てきたときは、不死《ふし》の魔力《まりょく》がそなわったという。そして、この中国《ちゅうごく》の妖怪《ようかい》は、月《つき》の光《ひかり》がわずかでも地上《ちじょう》を照《て》らすと、長《なが》い長《なが》いタバコのキセルを手《て》に持《も》って、「タバコをすえ」といいながら歩《ある》きまわる。そのタバコをすうと、なんでもないが、ことわると毒《どく》けむりをはいて殺《ころ》してしまうという。

* 透明《めい》骸骨

ブルガリアの国《くに》には、だれの目《め》にも見《み》えない透明《とうめい》骸骨《がいこつ》が、雪《ゆき》のふりだす冬《ふゆ》になるとあらわれる。この妖怪《ようかい》は、骨《ほね》のずい液《えき》やカルシウム分《ぶん》をすいとってしまう骸骨《がいこつ》で、あたたかい季節《きせつ》には動物《どうぶつ》や鳥《とり》の骨《ほね》をあさっているが、冬《ふゆ》になって動物《どうぶつ》が姿《すがた》をかくしてしまうと人家《じんか》にしのびこんでくるのだ。そして眠《ねむ》っている間《あいだ》に、人間《にんげん》の歯《は》や骨《ほね》からずい液《えき》をすいとって骨《ほね》なし人間《にんげん》にしてしまう。

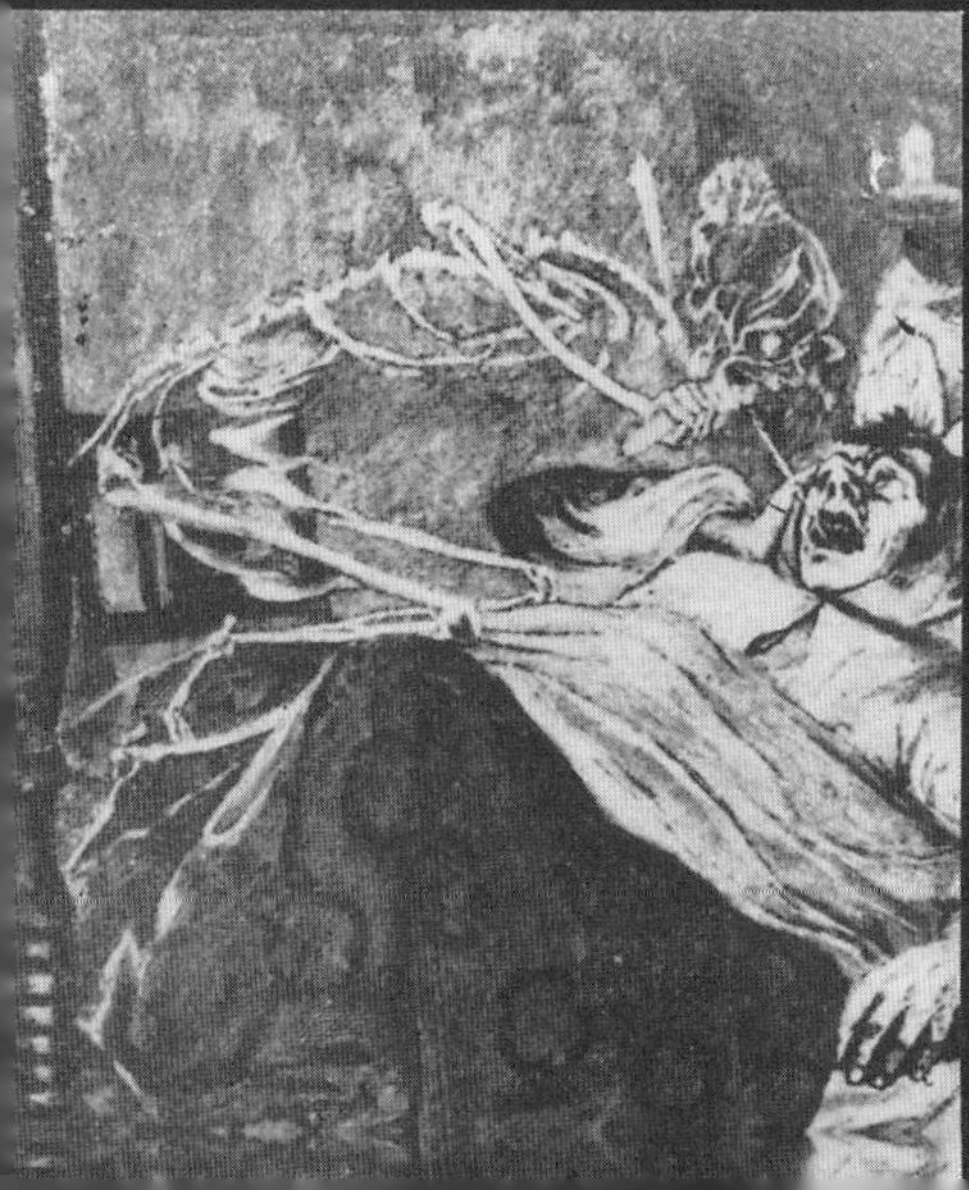

さかさ男《おとこ》

アフリカのジャングルにいる人間妖怪《にんげんようかい》さかさ男《おとこ》は、両手《りょうて》と両足《りょうあし》、そして顔《かお》がさかさまになっている珍《めずら》しい化物《ばけもの》だ。夜《よる》だけでなく、昼間《ひるま》でものそのそっとあらわれるが、この妖怪《ようかい》に出《で》あうと、急《きゅう》に全身《ぜんしん》が金《かな》しばりにされて動《うご》けなくされてしまう。そして、さかさ男《おとこ》は三回《かい》ことばをかけてくる。「おまえは男《おとこ》か」「女《おんな》だ」「おまえは子供《こども》か」「大人《おとな》だ」というふうに全部《ぜんぶ》反対《はんたい》に答《こた》えないと、手足《てあし》をさかさまにされてしまうのだ。

妖怪学③

＊人間《にんげん》の妖怪《ようかい》について

人間《にんげん》の妖怪《ようかい》については、ほとんど悪魔《あくま》か悪霊《あくりょう》が人間《にんげん》にのりうつって妖怪《ようかい》になったものだと考《かんが》えられている。しかし、左《ひだり》の絵《え》にもあげたように、さまざまな奇型《きけい》の人間《にんげん》が生《う》まれることも、じっさいに多《おお》かった。

昔《むかし》の人《ひと》たちは、これも悪魔《あくま》のしわざと信《しん》じて恐《おそ》れをなしたというが、世界《せかい》じゅうにはびっくりするような怪奇《かいき》人間《にんげん》がたくさんいるのだ。たとえば、最近《さいきん》ブラジルで発《はっ》見《けん》された類人猿《るいじんえん》の少女《しょうじょ》マリーは、ふつうの両親《りょうしん》からゴリラのように毛《け》むくじゃらの姿《すがた》で生《う》まれ、いまも類人猿《るいじんえん》そっくりのままで育《そだ》てられている。

また、人間《にんげん》を殺《ころ》して赤《あか》い血《ち》だけを吸《す》うという吸血鬼《きゅうけつき》そっくりの男《おとこ》や狼男《おおかみおとこ》そのものになりきってしまった人間《にんげん》などが、この二十世紀《せいき》の時代《じだい》にじっさいにいるのだ。

しかし、こんなことはなぜおこるのか。突然変異《とつぜんへんい》なのか悪魔《あくま》のしわざか。人間《にんげん》そのものに妖怪《ようかい》になりうる何《なに》かがあるのだろうか。

▶この絵《え》は中世《ちゅうせい》のころに珍《めずら》しい人間《にんげん》だけを集《あつ》めてイタリアでかか

★半分《はんぶん》が人間《にんげん》で半分《はんぶん》が動物《どうぶつ》の姿《すがた》をした半人半獣《はんにんはんじゅう》の妖怪《ようかい》とは？

3 人獣の妖怪

★いまもエジプトのピラミッドのそばにたっているスフィンクスの石像《せきぞう》は、

★昔《むかし》は左《ひだり》の絵《え》のような妖怪《ようかい》だった。右側《みぎがわ》の若者《わかもの》はナゾをといたオイデュプス。

狼《おおかみ》男《おとこ》

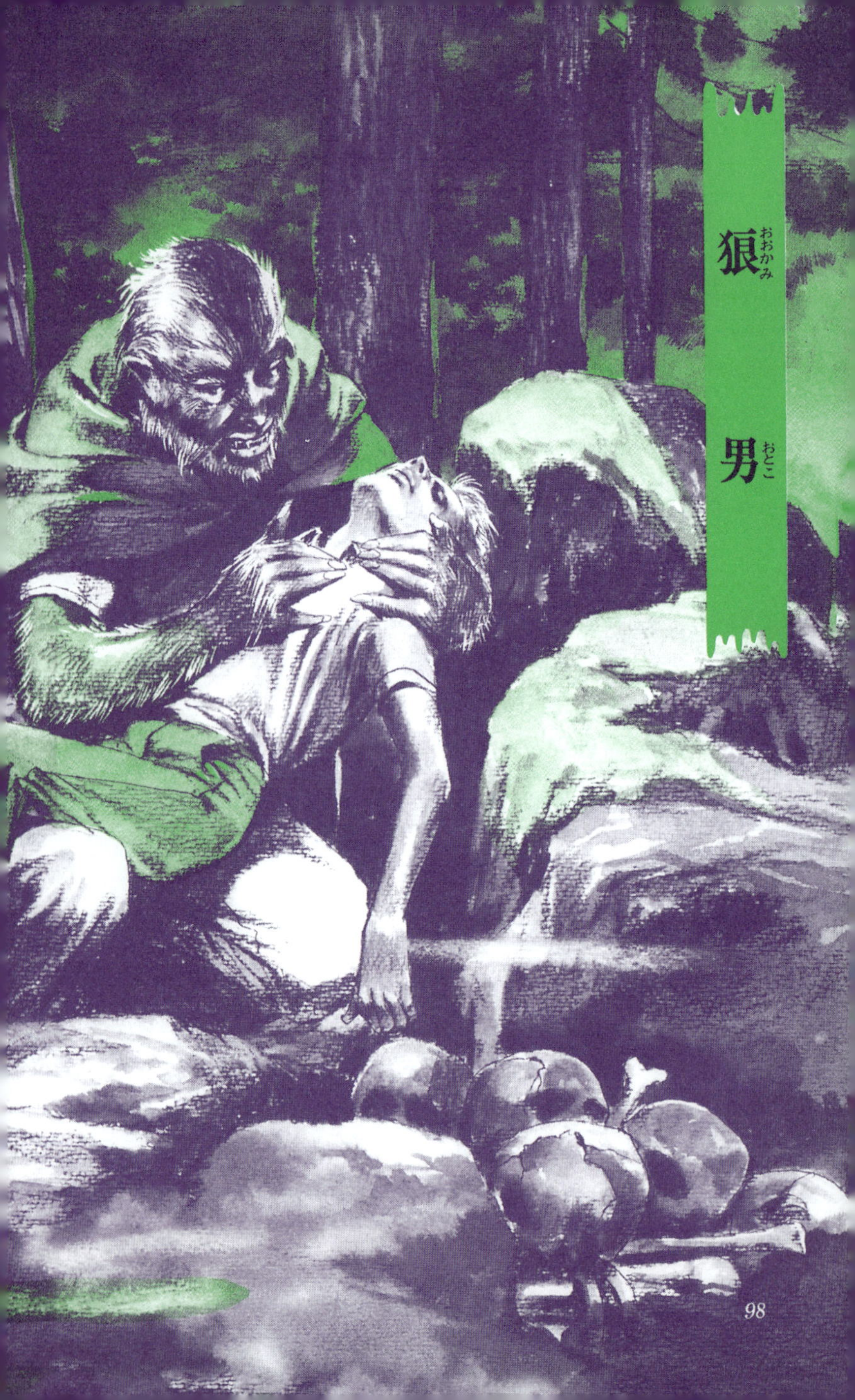

ルーマニアの国《くに》に伝《つた》わる狼男《おおかみおとこ》は，山奥《やまおく》にいるという魔力《まりょく》をもった銀狼《ぎんおおかみ》にかまれた人《ひと》が，恐《おそ》ろしい狼男《おおかみおとこ》になった。いつもは，ふつうの人間《にんげん》とかわりがないのだが，満月《まんげつ》の出《で》る夜《よる》になると全《ぜん》身《しん》に毛《け》がはえ，するどいキバをむきだし，耳《みみ》がピンと立《た》って，狼《おおかみ》の姿《すがた》に変身《へんしん》するのだ。そして，夜《よる》のやみにまぎれて人間《にんげん》におそいかかり，ズタズタに殺《ころ》してしまうのだ。もちろん，本人《ほんにん》はまったく記憶《きおく》がないので，自分《じぶん》が狼男《おおかみおとこ》であると気《き》づかない。狼男《おおかみおとこ》を殺《ころ》すには，銀《ぎん》の十字架《じゅうじか》をとかしてつくったピストルの弾丸《だんがん》を打《う》たなければならないといわれている。(123ページ参照《さんしょう》)

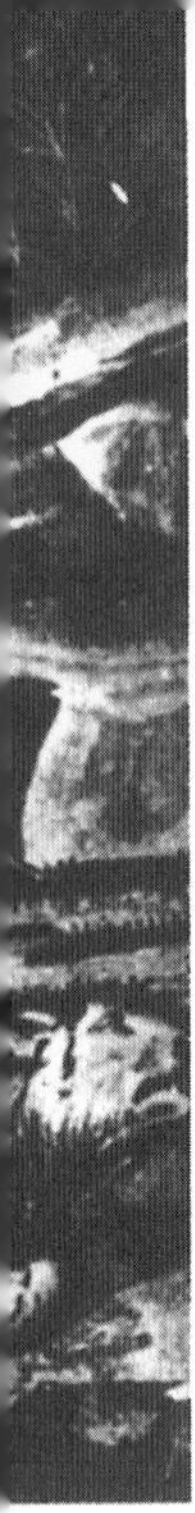

半《はん》馬《ば》人《じん》ケンタウロス

半人半馬《はんにんはんば》の姿《すがた》をしたケンタウロスは，悪《あく》の神《かみ》イクシオンの子《こ》として，この世《よ》にあらわれたことになっている。走《はし》るスピードは，どんな馬《うま》よりも速《はや》く怪力《かいりき》の持《も》ち主《ぬし》だったが，それほど悪《わる》いことはしなかった。

しかし，悪《あく》の神《かみ》の子《こ》として恐《おそ》ろしい妖怪《ようかい》と思《おも》われ，人間《にんげん》に追《お》われて山奥《やまおく》のほうへと逃《に》げ，ひっそりと生《い》きつづけたという。下半身《かはんしん》が馬《うま》の姿《すがた》をしているだけで，ほとんど人間《にんげん》と同《おな》じような生活《せいかつ》をしていたらしい。左《ひだり》の絵《え》のように女《おんな》のケンタウロスが，トラやライオンたちにおそわれてたおれると，男《おとこ》のケンタ ウロスが助《たす》けに来《き》てたたかっている。

▶武装《ぶそう》した女兵士《おんなへいし》によって、たいじされようとしているケンタウロスの古代《こだい》ギリシアの絵《え》。

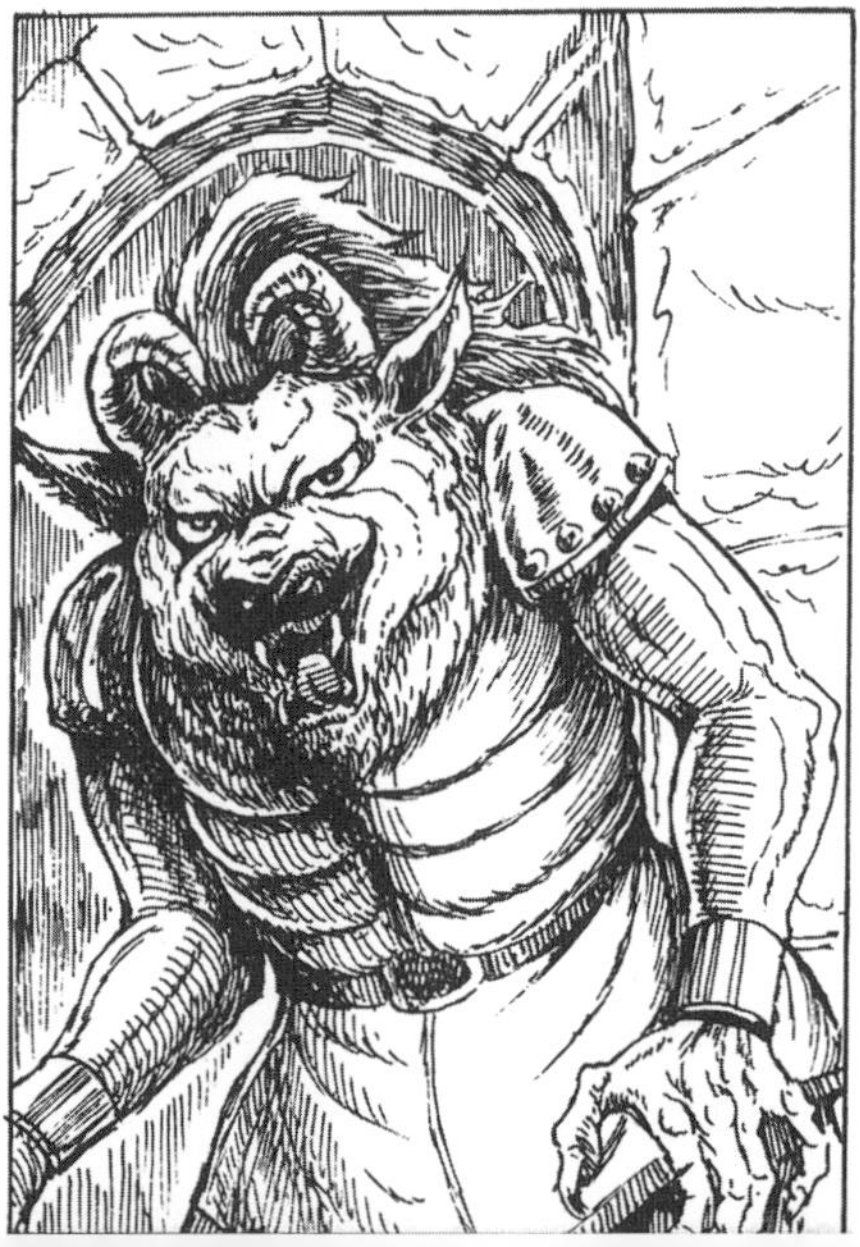

＊牛《ぎゅう》頭《とう》大《だい》王《おう》ミノタウロス

ずっと昔《むかし》、クレタの国《くに》のミノス宮殿《きゅうでん》の地下《ちか》に、半《はん》人《にん》半《はん》牛《ぎゅう》の姿《すがた》をした恐《おそ》ろしいミノタウロスがとじこめられていた。クレタの王《おう》さまが苦《く》心《しん》して地《ち》下《か》室《しつ》にいれたのだが、この牛《ぎゅう》頭《とう》大《だい》王《おう》は、魔《ま》力《りょく》を使《つか》って毎《まい》年《ねん》、七人《にん》の少《しょう》女《じょ》と少《しょう》年《ねん》をいつのまにか地《ち》下《か》室《しつ》にひきずりこんで、むざんにも殺《ころ》して食《た》べたという。その後《ご》、アテネの英《えい》雄《ゆう》テセウスによってたいじされた。

幽《ゆう》鬼《き》ゴモラー

幽鬼《ゆうき》ゴモラーは，アフリカのジャングルにいる妖怪《ようかい》で，ものすごい悪臭《あくしゅう》をはなつ。幽鬼《ゆうき》のまわりには何万《なんまん》というハエや力が，ぶんぶんと雲《くも》のようにむれをなして飛《と》びまわるので，すぐにわかる。ゴモラーはハエや力，ムカデやウジ虫《むし》などばかり食《た》べているので，ことさら息《いき》もつまりそうなくさい臭《にお》いを発《はっ》し，その強《つよ》い臭《にお》いにひきよせられて，ますますハエや力が集《あつ》まってくるというわけだ。しかし，ゴモラーは人間《にんげん》を蛇《へび》やブタ，ウシなど動物《どうぶつ》に姿《すがた》を変《か》えてしまう超能力《ちょうのうりょく》があるので，土人《どじん》たちは悪臭《あくしゅう》がするとすぐ逃《に》げるという。

スフィンクス

いまから数《すう》千年《ねん》も昔《むかし》のこと、エジプトの砂漠《さばく》にすんでいた妖怪《ようかい》スフィンクスは，頭《あたま》は人間《にんげん》で胴体《どうたい》はライオン，そして大《おお》きなつばさで飛《と》びまわって人《ひと》びとをおびやかした。「朝《あさ》は四つ足《あし》で昼《ひる》は二本《ほん》足《あし》，晩《ばん》には三本《ばん》足《あし》で歩《ある》くのはなんであるか？」と，スフィンクスは人間《にんげん》にナゾナゾをだしたのだ。これに答《こた》えられない人《ひと》は，たちまちスフィンクスに食《た》べられてしまったというが，さて，その答《こた》えは？

▶オイディプスという若者《わかもの》が出《だ》した正解《せいかい》は「人間《にんげん》の一生《しょう》」。赤《あか》んぼうから大人《おとな》へ、そして老人《ろうじん》……。

吸血《きゅうけつ》ラミーは、全身《ぜんしん》のウロコのようなものが血《ち》のように赤く、ひとりの人間《にんげん》の血《ち》をすうたびに１枚《まい》ずつウロコがふえた。自分《じぶん》は美女《びじょ》に化《ば》け，りっぱな宮殿《きゅうでん》や家具《かぐ》や金《きん》貨《か》など，なんでもつくりだすことができる魔力《まりょく》を持《も》っていた。だが、これらの物《もの》には重《おも》さがないので、魔力《まりょく》を見《み》やぶることができる。

この怪人《かいじん》は、フランスやドイツにあらわれて、とくに子供《こども》をもった母親《ははおや》をたいへんこまらせた。魔《ま》女《じょ》の使《つか》い魔《ま》である怪人《かいじん》は、「赤《あか》んぼうか子供《こども》を出《だ》せ！ さもなくば、魂《たましい》をうりわたして悪魔《あくま》の召使《めしつか》いとなれ」と母親《ははおや》にせまった。子供《こども》のかわいい母親《ははおや》は、とうとうたまりかねて、自分《じぶん》が悪魔《あくま》の召使《めしつか》いとなることを承知《しょうち》するのだった。

もし、子供《こども》をつれて逃《に》げようものなら、三獣《じゅう》怪人《かいじん》は、ハゲタカや毒蛇《どくへび》となったり、狼《おおかみ》に変身《へんしん》して追《お》いかけ、食《く》い殺《ころ》してしまう。

人《にん》　魚《ぎょ》

◀恋人《こいびと》の声《こえ》をまねて海中《かいちゅう》へさそう人魚《にんぎょ》。

▼尾《お》が二つある変《か》わった人魚《にんぎょ》。

外国《がいこく》の人魚《にんぎょ》には、いろいろな伝説《でんせつ》がのこされている。種類《しゅるい》もたくさんあって、尾《お》が二つあるものや顔《かお》の美《うつく》しい少女《しょうじょ》の姿《すがた》から怪獣《かいじゅう》のようにツノのはえたみにくいものなどがある。

そして、フランスのライン川《がわ》にすんでいたという人魚《にんぎょ》ローレライなどのように、たいていの人魚《にんぎょ》は、たて琴《ごと》をひいたりして、すばらしく美《うつく》しい声《こえ》でうたうという。

まるで、魂《たましい》がすいとられてしまいそうな美《うつく》しいメロディなので、多《おお》くの船乗《ふなの》りや若者《わかもの》たちは人魚《にんぎょ》のとりことなってしまった。しかし、その美《うつく》しい声《こえ》に聞《き》きいっているといつのまにか船《ふね》は同《おな》じ海《うみ》の上《うえ》をぐるぐると大《おお》きくめぐっているだけで、ついには港《みなと》へ帰《かえ》れなくなり、食料《しょくりょう》も水《みず》もなくなって死《し》んでしま

1882年《ねん》イギリスの海岸《かいがん》に流《なが》れついた人魚《にんぎょ》？

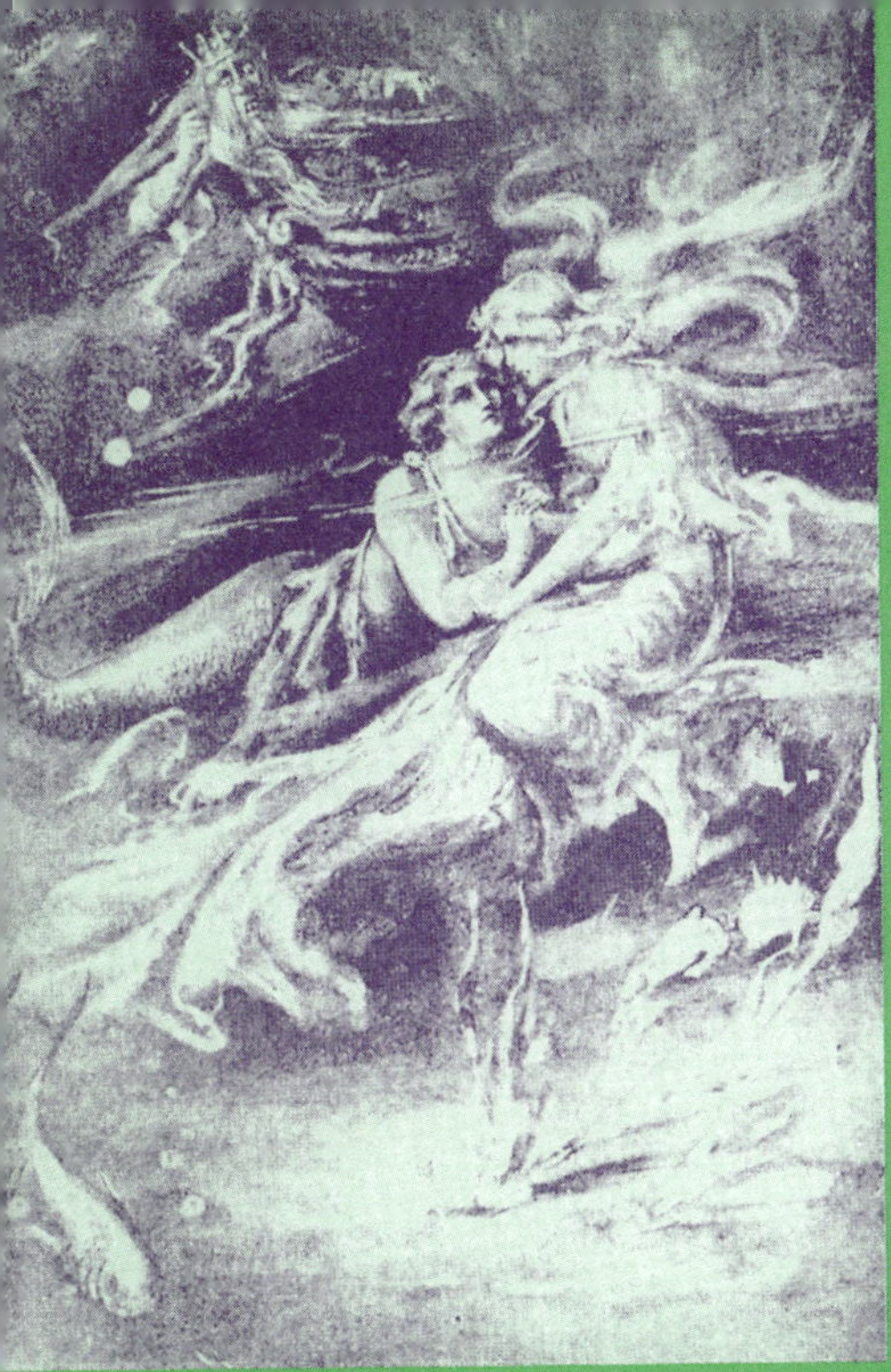

◀外《がい》国《こく》では，男《おとこ》の人《にん》魚《ぎょ》もいた。ハンサムな姿《すがた》に恋《こい》をした少《しょう》女《じょ》は，ついに海《かい》中《ちゅう》にすむ人《にん》間《げん》になったという。

▼この世《よ》のものとも思《おも》えぬ美《うつく》しい音楽《がく》を，たて琴《ごと》でかなでるという人《にん》

▼ペルシアの国《くに》では，その昔《むかし》めずらしいものが好《す》きな城《じょう》主《しゅ》たちが，下《した》の絵《え》のように人《にん》魚《ぎょ》を城《しろ》の中《なか》で育《そだ》てていたという。

なにか？　外《がい》国《こく》でも多《おお》くの学《がく》者《しゃ》が調《しら》べたが、いまではアメリカにわずかに生《い》きのこっている水《すい》生《せい》動《どう》物《ぶつ》マナテイだろうと考《かん》えられている。だがイギリスの例《れい》のようにもっと人《にん》魚《ぎょ》そっくりなものがいたとも考《かん》えられる。

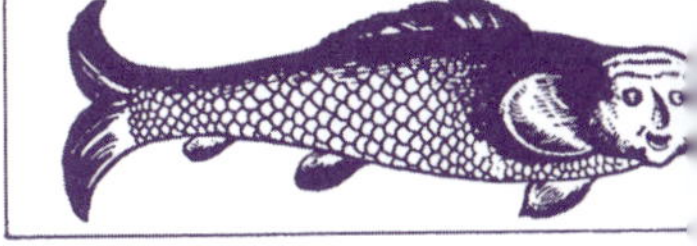

▲人魚《ぎょ》の正《しょう》体《たい》は，このマナティという水《すい》生《せい》動《どう》物《ぶつ》ではないかといわれている。

海《かい》竜《りゅう》魔《ま》人《じん》

◀海蛇《うみへび》のような尾《お》が二つあるので人魚《にんぎょ》とはちがう。

人魚《にんぎょ》とはちがって，下半身《かはんしん》が海蛇《うみへび》のような姿《すがた》をしている。魔女《まじょ》キルケーの秘薬《ひやく》によって海竜《かいりゅう》魔人《まじん》となった男女《だんじょ》たちは，悪《わる》い魂《たましい》をうえつけられたので，悪事《あくじ》ばかりはたらいて人間《にんげん》をだまし，海中《かいちゅう》にひきずりこんで殺《ころ》した。船人《ふなびと》たちに家族《かぞく》の声《こえ》や姿《すがた》をちらつかせるという魔力《まりょく》を使《つか》い船《ふね》を魔《ま》の海《うみ》へと連《つ》れて行《い》くこともあった。

うろこ魔人《まじん》

三つの顔《かお》と全身《ぜんしん》がうろこという魔人《まじん》。人間《にんげん》だけでなく動物《どうぶつ》や魚《さかな》も食《く》い殺《ころ》すドンヨク魔《ま》だ。

◀蛇《へび》女《おんな》

その昔《むかし》、ある国《くに》の王子《おうじ》が、お金《かね》に目《め》がくらんで悪魔《あくま》に魂《たましい》をうりわたしてしまった。いよいよ三回《かい》めのとき、悪魔《あくま》は王子《おうじ》に黄金《おうごん》をわたすかわりに〈蛇《へび》になってもらうぞ〉といった。そして、ついに蛇《へび》にされてしまった王子《おうじ》。ところが、王子《おうじ》に恋《こい》を

▼イヌ男

イヌの魂《たましい》がのりうつったアメリカのイヌ男《おとこ》は、夜《よる》になるとイヌを殺《ころ》した人《ひと》びとをかぎあてて、ふくしゅうする。その人《ひと》はイヌの声《こえ》だけとなる。

▼ライオン女《おんな》

真夜中《まよなか》になると頭《あたま》がライオンに変身《へんしん》するという妖女《ようじょ》。城《しろ》の中《なか》にすみ、ねむっている人《ひと》びとをおそって、人間《にんげん》の頭《あたま》だけをかじりとって食《た》べる。

▲狼《おおかみ》　人《じん》

狼男《おおかみおとこ》とちがって頭《あたま》だけが狼《おおかみ》という妖怪《ようかい》の魔力《まりょく》をもつ銀狼《ぎんおおかみ》によって，こんな姿《すがた》にされた。

もらおうとしたところ、上半身がそのままという蛇《へび》女《おんな》にされてしまったのだ。

マンティゴラ

二千年《ねん》以《い》上《じょう》もまえからペルシアにすんでいるものすごくザンニンな妖獣《ようじゅう》だ。顔《かお》は人間《にんげん》の形《かたち》をしているが、口《くち》には上下《じょうげ》各《かく》三列《れつ》の歯《は》があり、胴《どう》体《たい》はライオンで、尾《お》にはサソリの猛毒《もうどく》の針《はり》がしこまれている。

雨《あめ》のふる大《おお》あらしの夜《よる》、マンティゴラは決《き》まってあらわれた。人《ひと》びとは、ふるえあがって家《いえ》の中《なか》へとじこもったが、この妖獣《ようじゅう》があばれだしたら最後《さいご》、次《つぎ》つぎと家《いえ》のドアを突《つ》きやぶり、人《ひと》びとを毒針《どくばり》でさし殺《ころ》して、全身《ぜんしん》ズタズタに食《く》いちぎったという。

111

妖怪学④

＊妖怪《ようかい》の魔力《まりょく》

▶北海《ほっかい》の「死《し》の鳥《とり》」。この鳥《とり》があらわれると、たちまち、氷《こおり》の海《うみ》に閉《と》ざされてしまうので、船乗《ふなの》りたちが恐《おそ》れている。

最近《さいきん》の動物学《どうぶつがく》の研究《けんきゅう》によると多《おお》くの動物《どうぶつ》には、現代《げんだい》の科学技術《かがくぎじゅつ》よりもすぐれた、ふしぎな超能力《ちょうのうりょく》があることが次《つぎ》つぎとわかっている。

南米《なんべい》の黒《くろ》アリは、高《たか》い木《き》の上《うえ》から一枚《まい》の葉《は》をかみきって下《した》へ落《お》とすと、もう一匹《ぴき》のメスの黒《くろ》アリがちゃんと木《こ》の葉《は》の落《お》ちる場所《ばしょ》で、あらかじめ待《ま》っているのだ。いったい、黒《くろ》アリにはどうして木《こ》の葉《は》の落《お》ちる場所《ばしょ》が前《まえ》もってわかっているのだろうか。

また、火事《かじ》になる前《まえ》にはネズミが、その家《いえ》からいっせいに逃《に》げだして姿《すがた》を消《け》したり、コウモリのレーダー装置《そうち》、伝書《でんしょ》バトの日時計《ひどけい》能力《のうりょく》や蛇《へび》が正確《せいかく》に死体《したい》をみわける第《だい》三の目《め》などといった超能力《ちょうのうりょく》は、たしかに現在《げんざい》の科学《かがく》よりもすぐれている。しかも、動物《どうぶつ》の中《なか》には、人間《にんげん》のワナに決《けっ》してかからない利《り》こうなものもたくさんいるのだ。

ところが、こうした動物《どうぶつ》のふしぎな超能力《ちょうのうりょく》を、昔《むかし》の人《ひと》びとは魔力《まりょく》をもった動物《どうぶつ》の妖怪《ようかい》と考《かんが》えたのだ。

そして、ふしぎな超能力《ちょくのうりょく》をもった動物《どうぶつ》には、たぶん人間《にんげん》の魂《たましい》がのりうつって、人間《にんげん》と動物《どうぶつ》との半人半獣《はんにんはんじゅう》の妖怪《ようかい》となり、人間《にんげん》をだましたり自由《じゆう》に人間《にんげん》をあやつったりするのだと考《かんが》えたのだろう。

つまり、動物《どうぶつ》の超能力《ちょうのうりょく》が、妖怪《ようかい》の魔力《まりょく》として恐《おそ》れられたとも言《い》えるのだ。

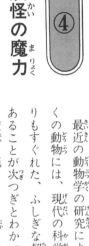

★怪奇映画《かいきえいが》の有名《ゆうめい》な主人公《しゅじんこう》たちを写真集《しゃしんしゅう》で追《お》ってみよう。

4 怪奇映画ベスト10

★あっと息《いき》をのむような美《うつく》しい女性《じょせい》。だが、ぶきみにツメがのびた

★両手《りょうて》を見《み》てみたまえ！この女性《じょせい》は恐《おそ》ろしい女吸血鬼《おんなきゅうけつき》なのだ。

①フランケンシュタイン

世《よ》にも恐《おそ》ろしい「フランケンシュタイン」の物語《ものがたり》は、一八一六年《ねん》にイギリス人《じん》の十九歳《さい》の女性《じょせい》メアリ・シェリーによって書《か》かれた。この物語《ものがたり》は、スイス人《じん》の科学者《かがくしゃ》フランケンシュタイン博士《はかせ》が、死体《したい》をたくさん盗《ぬす》みだして頭《あたま》や手足《てあし》を人工血管《じんこうけっかん》や人工神経《じんこうしんけい》で接合手術《せつごうしゅじゅつ》し、二メートル五十もの巨大《きょだい》な人造人間《じんぞうにんげん》を完成《かんせい》した。しかし、人造人間《じんぞうにんげん》が博士《はかせ》の妻《つま》を殺《ころ》して逃《に》げたので、博士《はかせ》は北極《ほっきょく》まで追《お》いつめて殺《ころ》すというものだ。

▶一九六〇年代《ねんだい》に作《つく》られたフランケンシュタイン映《え》画《が》。

▶一九一〇年《ねん》の映画《えいが》のフラン

▲いくつかの死体《したい》をつなぎあわせた人《じん》造人間《ぞうにんげん》を電気《でんき》ショックで動《うご》かそうとする博士《はかせ》。だが，ぐうぜんにおきたものすごい雷《かみなり》の電気《でんき》で人造人間《じんぞうにんげん》は動《うご》きだす。

▶右《みぎ》の写真《しゃしん》は1910年代《ねんだい》の映画《えいが》のフ
ンケンシュタインの姿《すがた》。1960年代《ねんだい》
ものとくらべると，まるでお化《ば》け
ようで，おもしろい。その当時《とうじ》は
まだ音《おと》のでない無声映画《むせいえいが》だった。

人造人間《じんぞうにんげん》の研究《けんきゅう》

一九三〇年代《ねんだい》になると、怪奇《かいき》映画《えいが》の世界的《せかいてき》なブームがはじまった。フランケンシュタインの映画《えいが》も、これまで三十本《ぼん》以上《いじょう》も作《つく》られているが、もっぱら人造人間《じんぞうにんげん》の恐《おそ》ろしい研究《けんきゅう》について描《えが》いたものが多《おお》い。現在《げんざい》の科学《かがく》では、すでに人工血管《じんこうけっかん》とか人工心臓《じんこうしんぞう》などが完成《かんせい》し、二十一世紀《せいき》には人造人間《じんぞうにんげん》も夢《ゆめ》ではないといわれているが、映画《えいが》のほうではどうだろうか？

▼一度《どし》死んだ美《うつく》しい女性《じょせい》の頭《あたま》と他人《たにん》の胴体《どうたい》をつないで完成《かんせい》した女《おんな》の人造人間《じんぞうにんげん》。

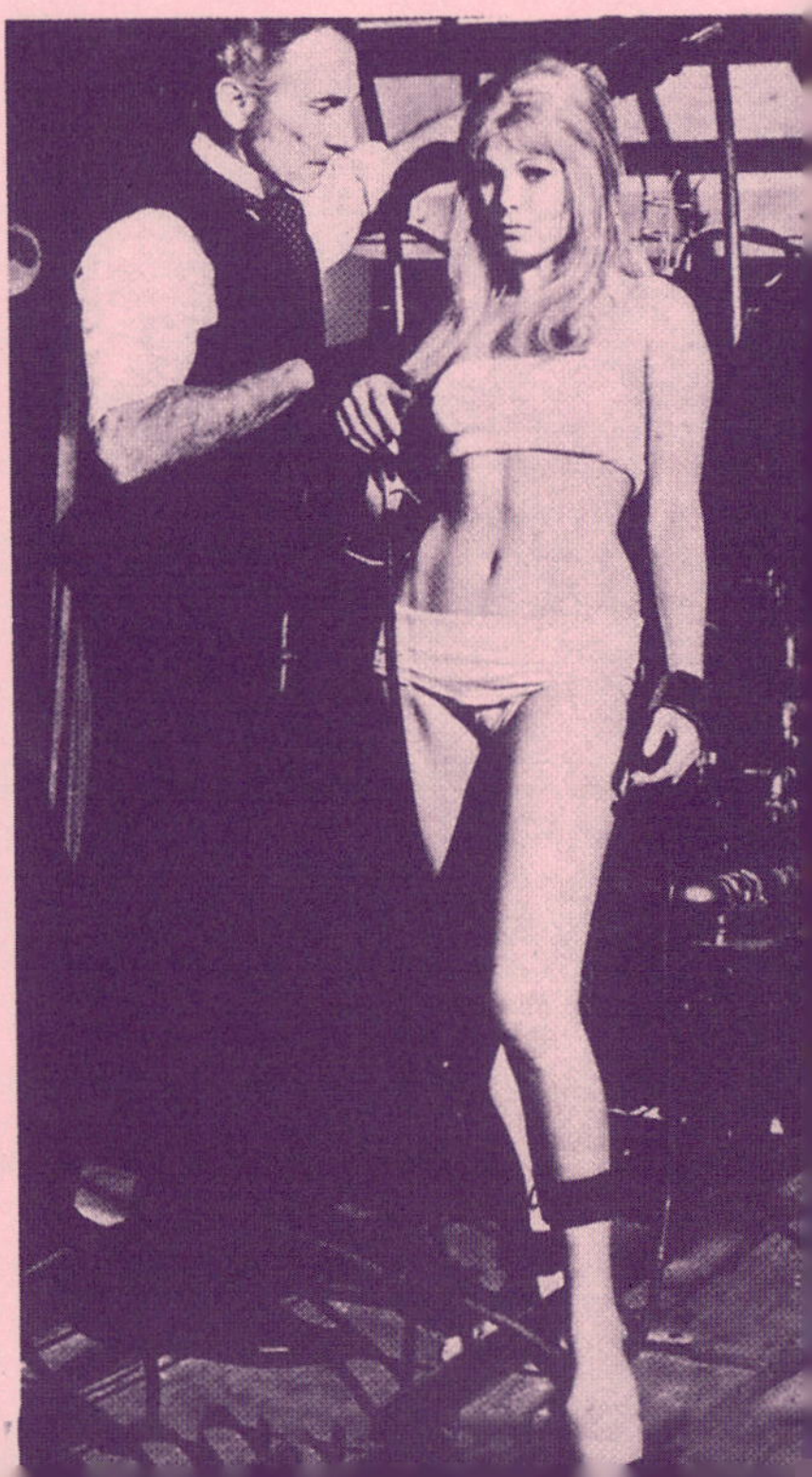

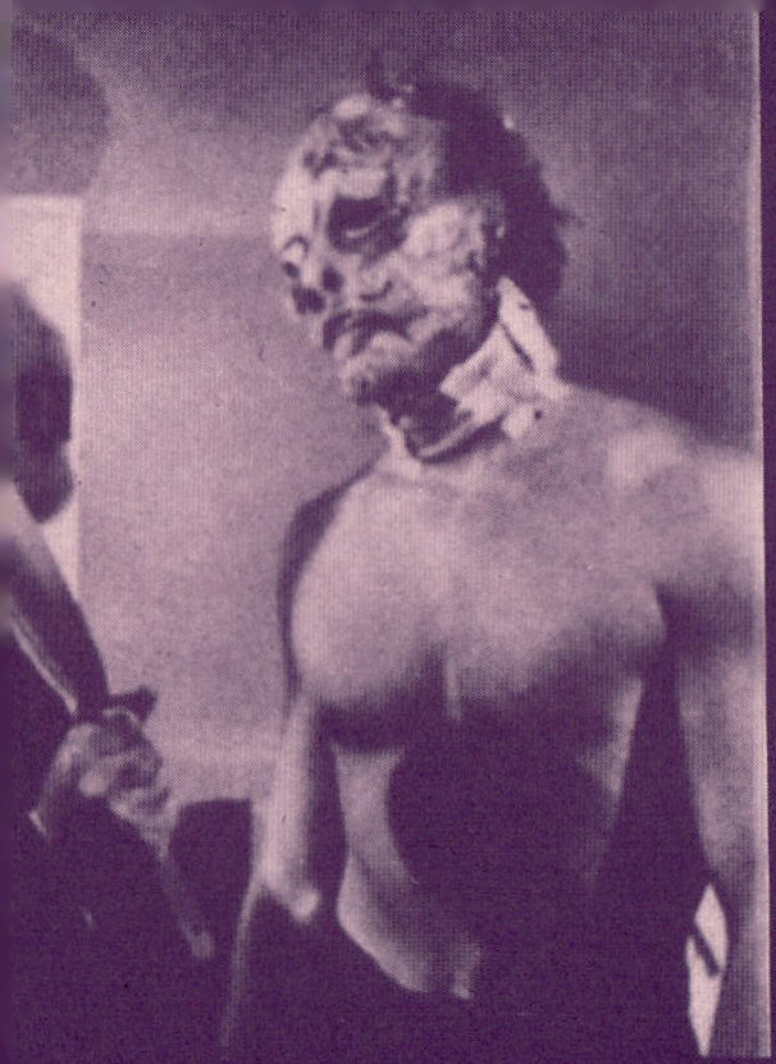

▲みにくい男《おとこ》が，ハンサムな男《おとこ》にしてやると博士《はかせ》に言《い》われて実験台《じっけんだい》に身《み》を投《な》げだしたが，実験《じっけん》は何度《なんど》も失敗《しっぱい》して，もっとみにくい顔《かお》になってしまった。

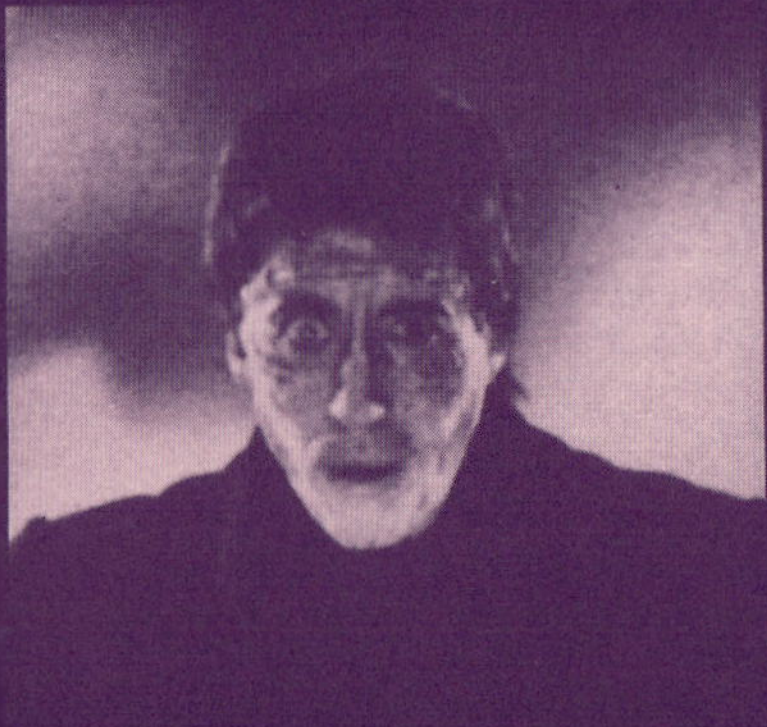

▲この人造人間《じんぞうにんげん》の顔《かお》をよく見《み》てみると，左右《さゆう》の目玉《めだま》がちがっている。いろいろな死人《しにん》をつなぎあわせて完成《かんせい》したことがよくわかる映画《えいが》だ。

▲怪力《かいりき》のフランケンシュタインと狂暴《きょうぼう》な狼男《おおかみおとこ》との，すさまじいたたかいをえがいた映画《えいが》。最後《さいご》には人《じん》造人間《ぞうにんげん》が勝《か》つという物語《ものがたり》だ。

▲この映画《えいが》では，みにくい顔《かお》になったとは知《し》らない人造人間《じんぞうにんげん》が，女《じょ》性《せい》ばかり追《お》いかけまわしているという，あわれさをえがいている。

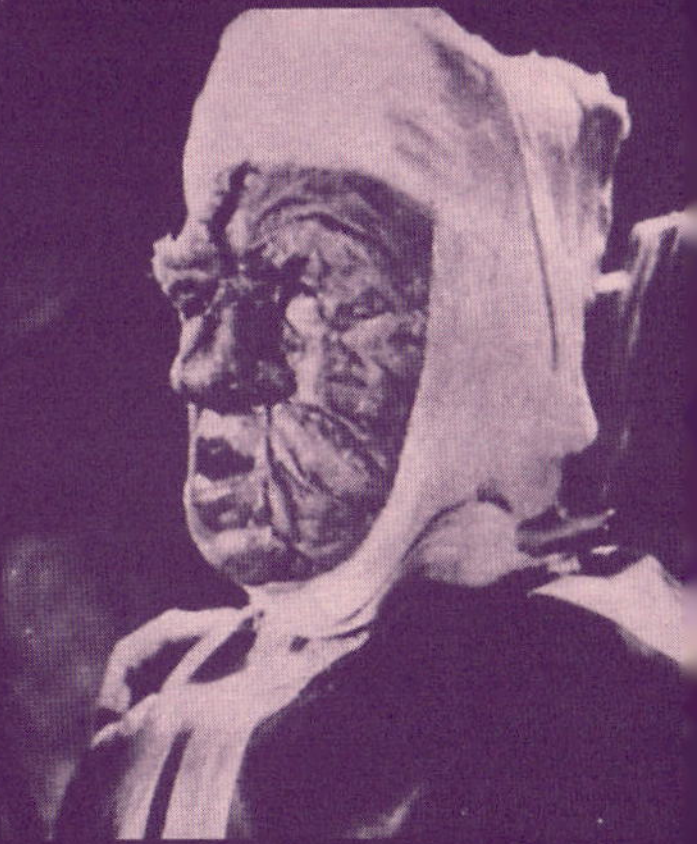

▲この映画《えいが》は，プロレスラーのからだに天才《てんさい》の脳《のう》をうえつけて完全《かんぜん》な人間《にんげん》を作《つく》ろうとしたが，あやまって犯罪人《はんざいにん》の脳《のう》を使《つか》ったために殺人鬼《さつじんき》になった。

▲フランケンシュタイン博士《はかせ》の死《し》んだ娘《むすめ》を生《い》きかえらせようとして実験《じっけん》をつづけた結果《けっか》，こんなみにくい怪《かい》物《ぶつ》のような顔《かお》となってしまった。

②吸血鬼《きゅうけつき》ドラキュラ

▲太陽光線《たいようこうせん》をあびて，灰《はい》と化《か》してゆく吸血鬼《きゅうけつき》

どんな恐《おそ》ろしい妖怪《ようかい》にも、かならず弱点《じゃくてん》があるという。たくさんのコウモリと狼《おおかみ》のむれを思《おも》いのままに動《うご》かし、サイミン術《じゅつ》を使《つか》う吸血鬼《きゅうけつき》。そして血《ち》を吸《す》われて死《し》んだ人《ひと》は、ふたたび生《い》きかえって吸血鬼《きゅうけつき》になるという。こうして、吸血鬼《きゅうけつき》がどんどん仲間《なかま》をふやして行《い》くと、町《まち》じゅうが吸血鬼《きゅうけつき》だらけということにもなりかねない。しかし、吸血鬼《きゅうけつき》にはいろいろな弱点《じゃくてん》があるのだ。

吸血鬼《きゅうけつき》の弱点《じゃくてん》

吸血鬼《きゅうけつき》が第《だい》一にきらうものは太陽光線《たいようこうせん》だ。光《ひかり》がからだにあたると、灰《はい》になってしまうからだ。人《じん》工《こう》の太陽燈《たいようとう》の光《ひかり》でも、ききめがある。

また、にんにくの花《はな》とか金製《きんせい》のうつわ、それにカガミもきらう。カガミには、吸血鬼《きゅうけつき》の姿《すがた》がうつらないし、にんにくはにおいがきらいだからだ。金髪《きんぱつ》の毛《け》も光《ひかり》をよく反射《はんしゃ》するからきらいだ。

それに、吸血鬼《きゅうけつき》は水《みず》の中《なか》にはいると、からだがとけてしまうという説《せつ》もある。いちばん簡単《かんたん》なのは十字《じゅうじ》架《か》を身《み》につけていることだ。吸血鬼《きゅうけつき》は十字《じゅうじ》架《か》にさわるとヤケドのようなあとがつくので、そばにある光《ひかり》るものを、十字架《じゅうじか》の形《かたち》にして突《つ》きつけても吸血鬼《きゅうけつき》は近《ちか》よれないはずだ。

▲恐《おそ》ろしい魔力《まりょく》をもった吸血鬼《きゅうけつき》も，木《き》のクイを打《う》たれて最期《さいご》の悲鳴《ひめい》をあげている。

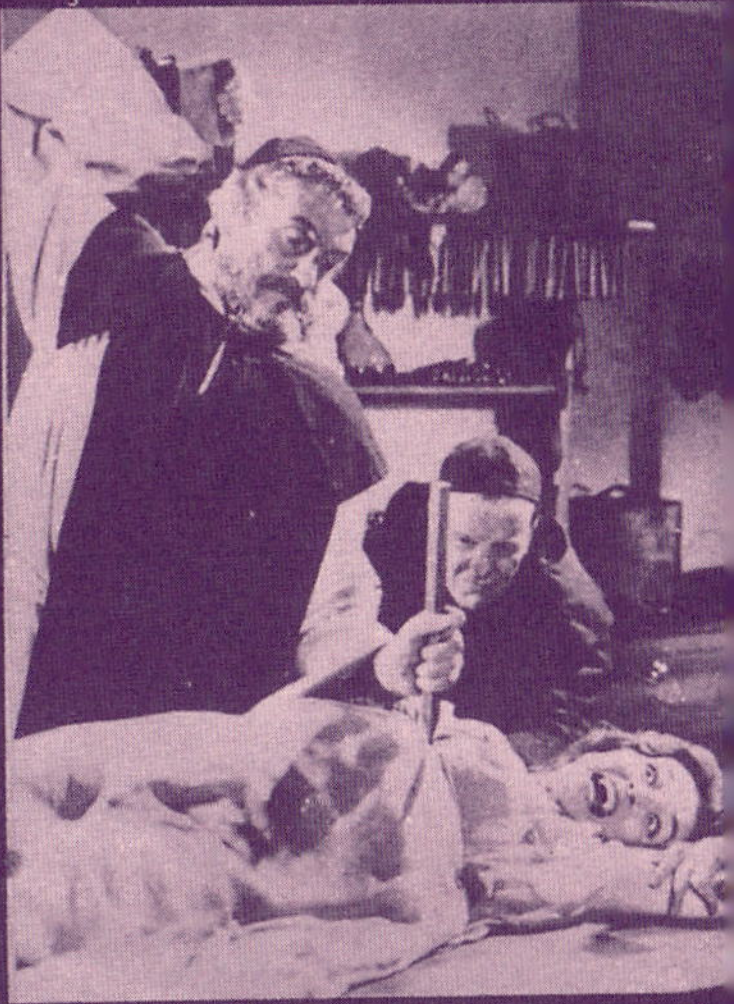

▶吸血鬼《きゅうけつき》には、昼間《ひるま》ねむっているときに木《き》の棒《ぼう》を胸《むね》に打《う》ちこむと血《ち》を吹《ふ》いて死《し》ぬという。

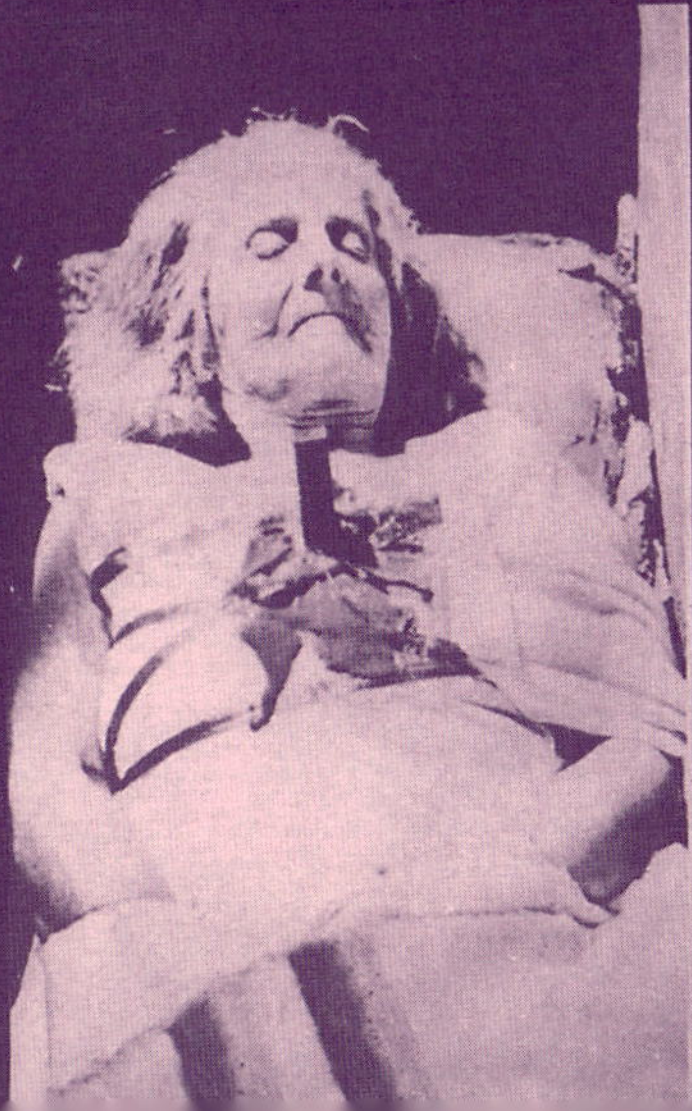

▶美《うつく》しかった女吸血鬼《おんなきゅうけつき》も、クイを打《う》たれて老婆《ろうば》の姿《すがた》に……

吸血鬼《きゅうけつき》のいろいろ

怪奇映画《かいきえいが》が、いちばん最初《さいしょ》に作《つく》られたのは一八九六年《ねん》のことで、「悪魔《あくま》の城《しろ》」というタイトルだった。この悪魔《あくま》の城《しろ》というのは、ドラキュラ城《じょう》のことで、吸血鬼《きゅうけつき》の映画《えいが》は、いまから七十年《ねん》以上《いじょう》も昔《むかし》に作《つく》られたわけだ。そして、吸血鬼《きゅうけつき》の映画《えいが》はこれまでに八十本《ぼん》も作《つく》られているが、さまざまに変《か》わった吸血鬼《きゅうけつき》が次《つぎ》つぎと登場《とうじょう》している。どんな吸血鬼《きゅうけつき》の映画《えいが》があるかを見《み》てみよう

▲これは，吸血鬼《きゅうけつき》ドラキュラの3度《ど》めの妻《つま》で，ものすごくザンギャクな吸血鬼《きゅうけつき》となった。

▲吸血鬼《きゅうけつき》ドラキュラの息子《むすこ》で，ものすごいハンサムだ。そのすばらしい顔《かお》で女性《じょせい》をひきつけて血《ち》をすう。

▼1927年《ねん》の吸血鬼《きゅうけつき》の映画《えいが》。コウモリの羽《はね》をつけたユーモラスな吸血鬼《きゅうけつき》だ。

▲1912年《ねん》に作《つく》られた映画《えいが》の吸血鬼《きゅうけつき》だ。頭《あたま》はつるつるで，ツメが悪魔《あくま》のようにするどく長《なが》くのびている変《か》わったやつだ。

▲美《うつく》しい女性《じょせい》だけをねらうゴリラのような、怪力《かいりき》でどうもうな吸血鬼《きゅうけつき》，血《ち》を吸《す》うというよりは肉《にく》ごとかじりとる吸血鬼《きゅうけつき》だ。

▲吸血鬼《きゅうけつき》の中《なか》でも，力《ちから》がよわいので，ボスに顔《かお》じゅう何度《なんど》も血《ち》をすわれて，恐《おそ》ろしい姿《すがた》になった女吸血鬼《おんなきゅうけつき》。

▲吸血鬼《きゅうけつき》ドラキュラの娘《むすめ》で，ふだんはとてもおとなしいが，１か月《げつ》に１度《ど》だけ正体《しょうたい》をあらわして，だれかれなくおそう。

▲なぜか，ぜったいに女
はおそわないというヘン
男《おとこ》の吸血鬼《きゅうけつき》で，この吸血
だけは太陽光線《たいようこうせん》があたっ
もへいきだ。

③ミイラ男《おとこ》

〈ファラオの墓《はか》をあばき、ミイラの棺《ひつぎ》を開《ひら》いた者《もの》にはかならず死《し》の呪《のろ》いがかかるであろう〉とかかれた古代《こだい》エジプトのことばが、ほんとうのことになるという物語《ものがたり》。棺《ひつぎ》をあばかれて中《なか》にはいっていたミイラが生《い》きかえって

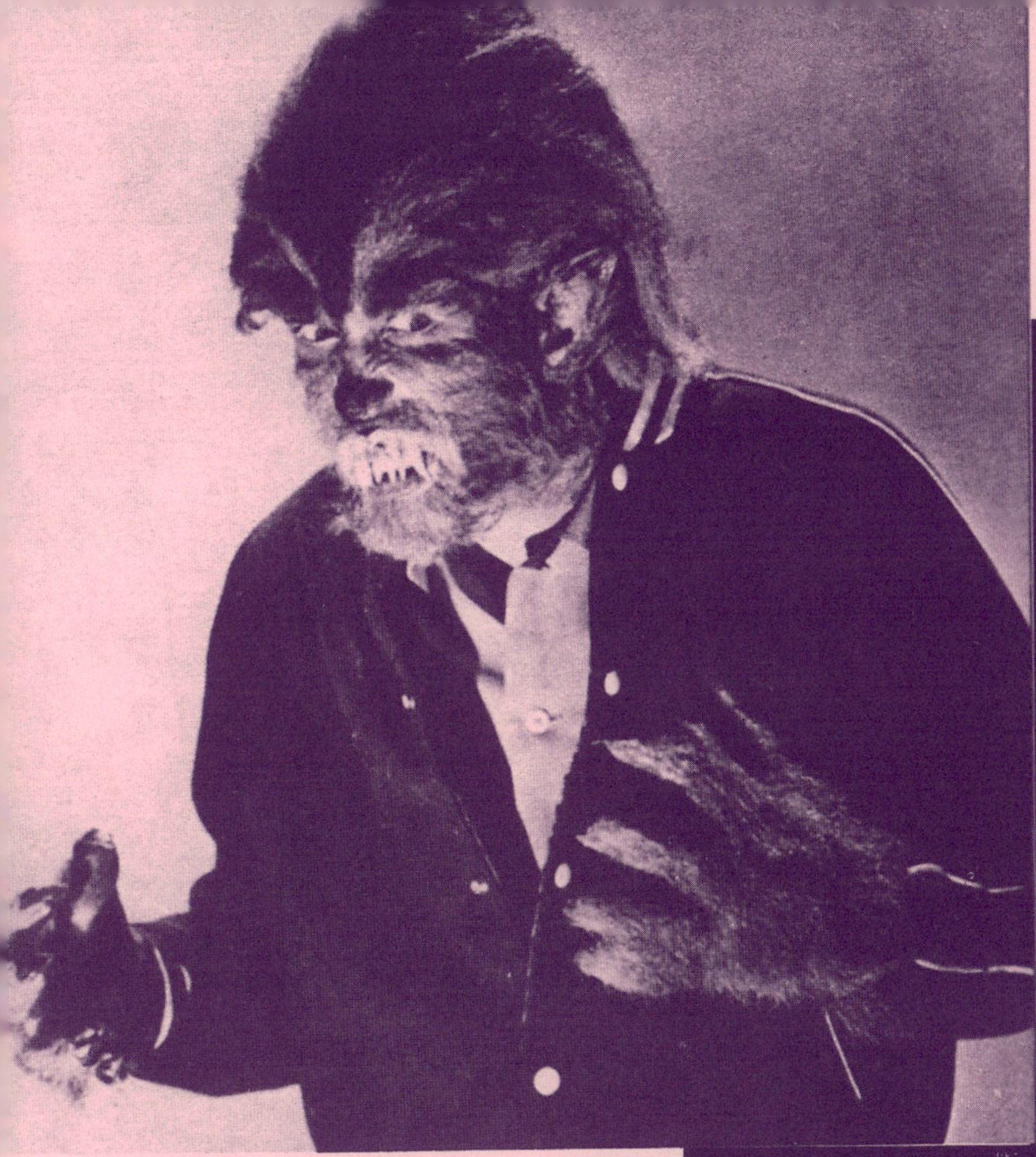

▼よみがえったミイラ男《おとこ》

④狼《おおかみ》男《おとこ》

狼《おおかみ》男《おとこ》については、昔《むかし》からヨーロッパの国々《くにぐに》で、いろいろな伝説《でんせつ》があるが、魔力《まりょく》のある狼《おおかみ》にかまれた人《ひと》が狼《おおかみ》男《おとこ》になるという。そして満月《まんげつ》の夜《よる》に人間《にんげん》から狼《おおかみ》に変身《へんしん》した男《おとこ》は、ブタとかニワトリなどは食《た》べないで人間《にんげん》の肉《にく》だけを食《た》べるのだという。

また、狼《おおかみ》男《おとこ》は魔女《まじょ》になりそこねた者《もの》が狼《おおかみ》人間《にんげん》になるという説《せつ》や、狼《おおかみ》男《おとこ》が死《し》ぬと吸血鬼《きゅうけつき》になるともいわれている。また、銀《ぎん》の弾丸《だんがん》ではなく金《きん》の弾丸《だんがん》でないと死《し》なない狼《おおかみ》男《おとこ》もいる。

⑤半魚人《はんぎょじん》ラーゴン

南米《なんべい》アマゾン川《がわ》の奥地《おくち》にひっそりと住《す》んでいる半魚人《はんぎょじん》ラーゴンは，まるで魚《さかな》のようにエラで空気《くうき》をすう水《すい》せい人間《にんげん》だ。ずっと昔《むかし》，人類《じんるい》が進歩《しんぽ》するとちゅうで，私《わたし》たちのように地上《ちじょう》に住《す》む人間《にんげん》と水《みず》の中《なか》に住《す》む水《すい》せい人間《にんげん》とがあったのだが，そのときの生《い》きのこりが半魚人《はんぎょじん》なのだ。それで，人間《にんげん》のように頭《あたま》もよく働《はたら》き，感情《かんじょう》もあるが，攻撃《こうげき》されるとたいへん狂暴《きょうぼう》になって人間《にんけん》をおそうという。

⑥巨人《きょじん》ゴーレム

その昔《むかし》、ユダヤの人《ひと》びとが神《かみ》と信《しん》じていたひとつのドロ人形《にんぎょう》があった。ところがユダヤ人《じん》たちが苦境《くきょう》に立《た》たされたとき、とつじょとして巨人《きょじん》ゴーレムと変身《へんしん》した人形《にんぎょう》が、ユダヤ人《じん》をたすけたという。

⑦せむし男《おとこ》

ロンドンのノートルダム寺院《じいん》に、ものすごくみにくく、けもののようなせむし男《おとこ》カシモドが住《す》んでいた。ある日《ひ》、美《うつく》しいジプシー娘《むすめ》に、やさしくされたせむし男《おとこ》は、その娘《むすめ》をいじめる人《ひと》びとと最後《さいご》までたたかって死《し》にはてるという怪奇物語《かいきものがたり》。

⑧吸血《きゅうけつ》ゾンビ

西《にし》インド諸島《しょとう》のハイチという国《くに》では、いまなお恐《おそ》ろしいブーズー教《きょう》が信《しん》じられている。自分《じぶん》の望《のぞ》みをはたすときは、赤《あか》んぼうを殺《ころ》して呪《のろ》いの人形《にんぎょう》にお願《ねが》いするのだ。すると、にくらしい相手《あいて》の人《ひと》が病気《びょうき》になったりして死《し》ぬこともあるという。ところが、ブーズー教《きょう》の魔術者《まじゅつしゃ》は、ふしぎな呪文《じゅもん》によって、墓場《はかば》の死体《したい》を思《おも》うままに動《うご》かすことができるという。吸血《きゅうけつ》ゾンビとは、魔《ま》術者《じゅつしゃ》によって墓場《はかば》からよみがえった死体《したい》が魔《ま》術者《じゅつしゃ》のいうことをきかなくなって、次《つぎ》つぎと人《ひと》びとをおそって殺《ころ》してあるく妖怪《ようかい》のことだ。

⑨蛇《へび》女《おんな》

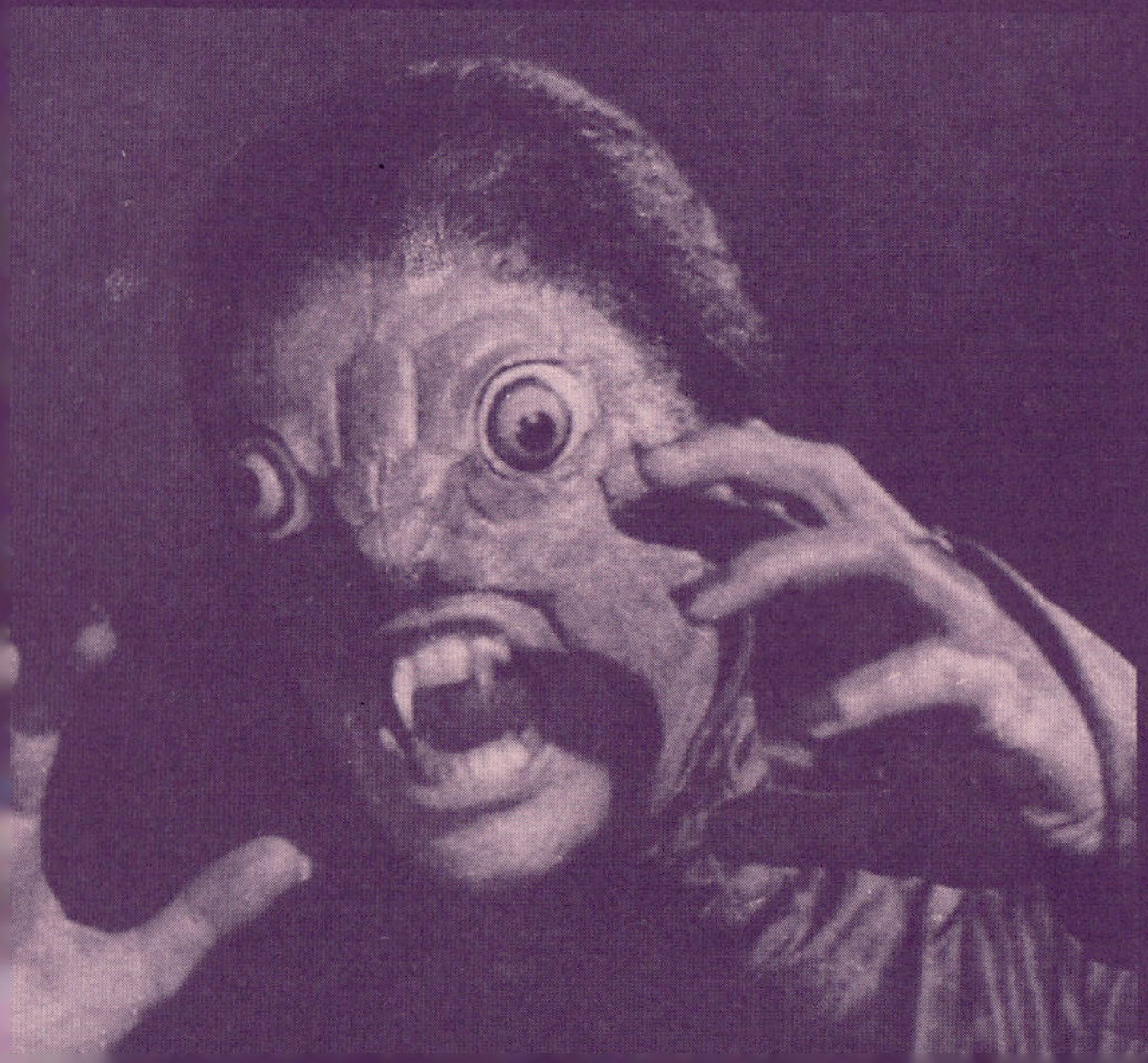

この映画の「蛇女」は、ギリシアの蛇女ゴーゴンとちがって、インドの蛇《へび》の神《かみ》をまつる信者《しんじゃ》たちが、一度《ど》でもその宗教《しゅうきょう》からぬけだそうとすると、たちまち蛇女《へびおんな》になるという伝説《でんせつ》の物語《ものがたり》だ。一日《にち》ごとに背中《せなか》に蛇《へび》のウロコがはえてきて、目《め》は蛇《へび》のようにするどくなり、歯《は》には毒《どく》キバがはえだしてくる。そして、ついに全身《ぜんしん》が蛇《へび》のようになると、次《つぎ》つぎと人間《にんげん》をおそうという恐《おそ》ろしい妖怪《ようかい》になるのだが、さいごは火事《かじ》でまる焼《や》けになって死《し》ぬ。

⑩ジキルとハイド

イギリスの科学者《かがくしゃ》ジキル博士《はかせ》は、長《なが》い間《あいだ》の研究《けんきゅう》のすえに、悪《あく》の心《こころ》になりきれるという、特別《とくべつ》なくすりを発見《はっけん》した。そのくすりをのむと、まったく別人《べつじん》の悪人《あくにん》・ハイド氏《し》になることができるのだ。ところが、何度《なんど》もくすりをのみつづけているうちに、ハイド氏《し》はゴリラのように全身《ぜんしん》に毛《け》がはえ、美《うつく》しい女性《じょせい》を次《つぎ》つぎと殺《ころ》していくようになる。つまり、人間《にんげん》には善《ぜん》と悪《あく》と二《ふた》つの心《こころ》がだれにでもあるということをえがいた物語《ものがたり》だ。

妖怪学⑤

＊怪奇映画《かいきえいが》の秘話《ひわ》

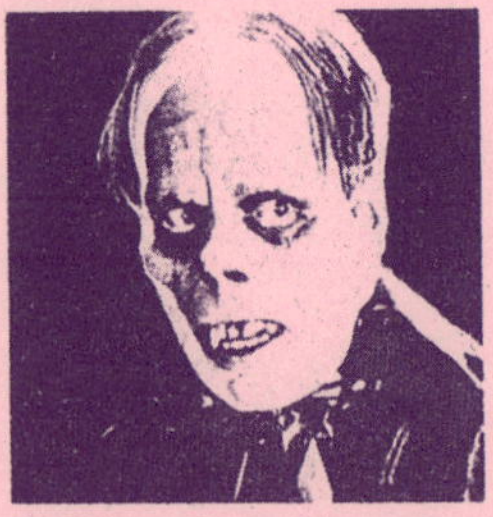

▲ロン・チャイニ

世《よ》にも恐《おそ》ろしい狼男《おおかみおとこ》や吸血鬼《きゅうけつき》などには、どんな人《ひと》が俳優《はいゆう》になるのだろうか。アメリカのロン・チャイニは千の顔《かお》をもつ俳優《はいゆう》といわれたほどの人《ひと》で、どんな妖怪《ようかい》にも化《は》けることができたという。

しかし、怪奇映画《かいきえいが》の主人公《しゅじんこう》になるには、恐《おそ》ろしい声《こえ》を出《だ》したり高《たか》い絶壁《ぜっぺき》をのぼりおりしたり、いかにもこわそうな手《て》つきをしたり、たいへんにむずかしいといわれている。狼男《おおかみおとこ》に変《へん》そうする時間《じかん》はなんと四時間《じかん》半《はん》もかかるので、映画《えいが》をとるのにも一日《にち》のうちに半分《はんぶん》しかさつえいができないという。しかも、顔《かお》がひどくただれたりケガが多《おお》いので、なおさらたいへんというわけだ。

第《だい》二に有名《ゆうめい》なのは、吸血鬼《きゅうけつき》役《やく》をやったスペインの俳優《はいゆう》ベラ・ルゴシで、フランケンシュタインに化《は》けるのがうまいのは、イギリスの俳優《はいゆう》ボリス・カーロフだ。そして、いまなお吸血鬼《きゅうけつき》などで活《かつ》やくしているのは、イギリスの俳優《はいゆう》クリストファ・リイだ。しかし、なぜか、怪奇映画《かいきえいが》の主人公《しゅじんこう》になった人《ひと》たちは、ロン・チャイニをはじめ吸血《きゅうけつ》鬼《き》映画《えいが》の女優《じょゆう》シャロン・テートなど不幸《ふこう》なさいごをとげるという。

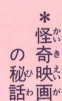

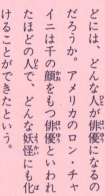

★ものすごく巨大《きょだい》なモンスターや変《か》わった妖怪《ようかい》を見《み》てみよう。

5 妖獣モンスター

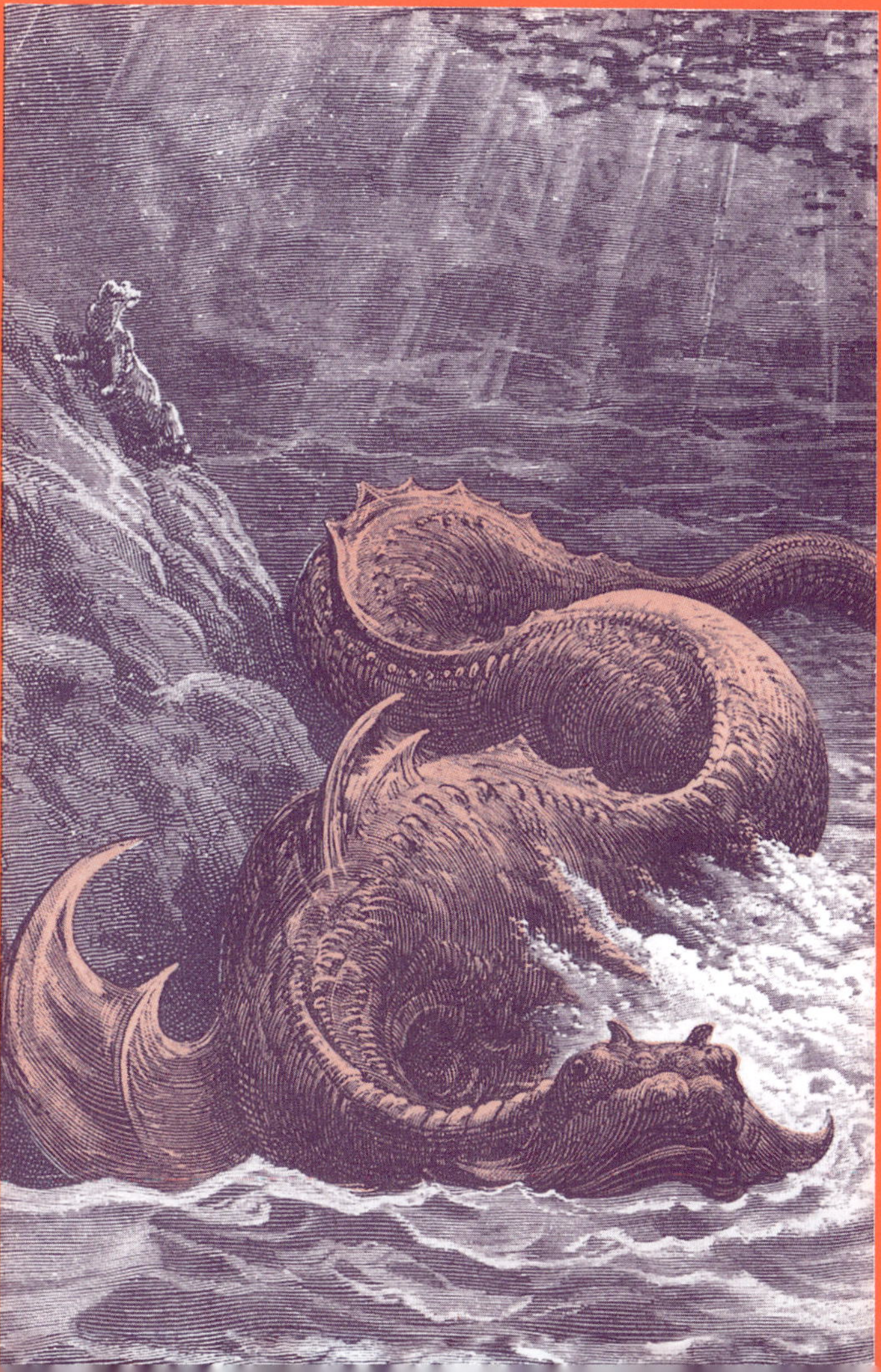

★海蛇《うみへび》とも海中《かいちゅう》ドラゴンともちがう、この海竜《かいりゅう》は大《おお》きさがクジラより
★も巨大《きょだい》で長《なが》さ五十メートル。船《ふね》をその尾《お》の一撃《げき》でしずめたという。

モズマ

昼間《ひるま》は、たいてい地下《ちか》の墓地《ぼち》の棺《かん》おけの中《なか》でねむっている。だが、妖怪《ようかい》モズマは吸血鬼《きゅうけつき》のように太陽《たいよう》の光《ひかり》があたっても平気《へいき》だ。どうどうと白昼《はくちゅう》の通《とお》りを歩《ある》いていることもあって、ふつうの人間《にんげん》となんの変《か》わりもないのだ。

ところが夜《よる》になると、口《くち》から胃や腸《ちょう》などの内臓《ないぞう》をはきだして、からだ全体《ぜんたい》がそっくり裏《うら》がえしになるのだ。そして、人間《にんげん》にしのびよると頭《あたま》から脳《のう》みそを吸《す》いとってしまうイギリスの妖怪《ようかい》だ。

海獣《かいじゅう》バランガ

＊ウィプリ

コウモリの姿《すがた》で、人間《にんげん》の顔《かお》をした黒《くろ》い鳥《とり》の妖怪《ようかい》。首《くび》のまわりには、長《なが》い毛《け》がはえ、ツバサにはカニのようなするどいツメがある。このウィプリは、昔《むかし》からソ連《れん》にいる妖《よう》怪《かい》で、長《なが》い間《あいだ》修業《しゅぎょう》をしたけれど、魔法使《まほうつか》いになりそこねた者《もの》が、死《し》んで地上《ちじょう》にさまよい、吸血《きゅうけつ》妖怪《ようかい》に変身《へんしん》したものだという。と

▲カニのハサミで人間《にんげん》の首《くび》を切《き》って血《ち》をすう。

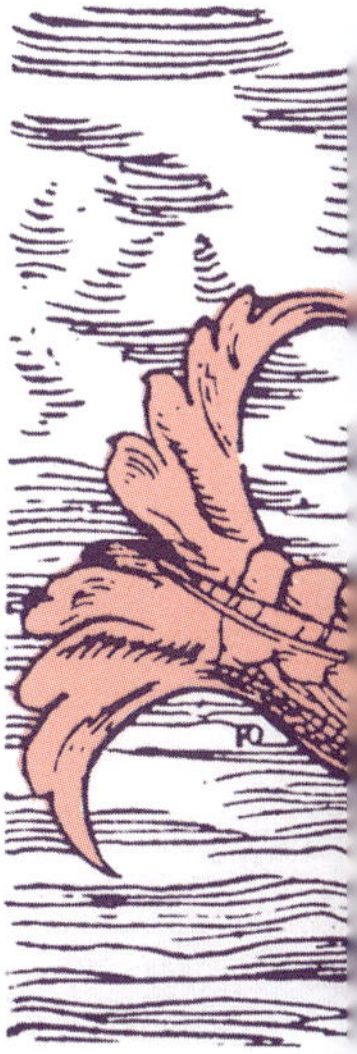

海獣《かいじゅう》バランガは十八世紀《せいき》のころまで大西洋《たいせいよう》に生《い》きていたという幻《まぼろし》の怪物《かいぶつ》だ。最大《さいだい》のものは長《なが》さ三十メートルで、重《おも》さ二千トンはあった。鉄砲《てっぽう》はおろか大《たい》砲《ほう》のタマでも平気《へいき》なので、鋼鉄製《こうてつせい》の潜水艦《せんすいかん》みたいだった。ところが、バランガはいつも二、三びきの子《こ》供《ども》を連《つ》れているが、たまたま、その幼魚《ようぎょ》をとって食《た》べた船長《せんちょう》がいた。そのすばらしい味《あじ》は、この世《よ》のものではなく、しかも食《た》べた人《ひと》は十歳《さい》ぐらい若《わか》がえったという。それで、船人《ふなびと》たちはバランガの幼魚《ようぎょ》をみつけしだい先《さき》を争《あらそ》って捕《とら》えた。すると、親《おや》のバランガは、その船《ふね》を追《お》ってきて突進《とっしん》し、あっという間《ま》に船《ふね》を沈《しず》めて一《ひ》人《とり》のこらず食《く》い殺《ころ》したという。

＊サマランダー

トルコやアラビアの国《くに》の大《おお》きな湖《みずうみ》の中《なか》にすんでいる。クラゲのようにぶよぶよした大魚《たいぎょ》の妖怪《ようかい》で、湖《みずうみ》の近《ちか》くにいる人間《にんげん》をねらう。子分《こぶん》の悪魔《あくま》たちを使《つか》って、人間《にんげん》を水中《すいちゅう》にひきずりこみ、大口《おおぐち》をあげて次《つぎ》つぎとのみこんでしまうのだ。ものすごい食《く》いしんぼうなので、ときには馬車《ばしゃ》ごとのみこみ、口《くち》の中《なか》でもえるふしぎな火《ひ》で焼《や》き殺《ころ》すという。

▶口《くち》の中《なか》で火《ひ》をもやすというサマランダー

夢《む》魔《ま》

夜《よる》ねむっているとき，夢《ゆめ》の中《なか》にあらわれる夢魔《むま》はいつも会《あ》いたいと思《おも》っている遠《とお》くの人《ひと》や恋人《こいびと》などに会《あ》わせてくれる。そして，過去《かこ》の知《し》らなかったことや未来《みらい》のこれからおこることなどを夢《ゆめ》で見《み》せてくれる。しかも、それはふしぎとよくあたることがあるのだ。

ところが，夢魔《むま》はもともと悪魔《あくま》から血《ち》をわけた妖《よう》怪《かい》の仲間《なかま》なので，一か月《げつ》も二か月《げつ》もの長《なが》い間《あいだ》，毎日《まいにち》つづけて夢魔《むま》にとりつかれると，いつの間《ま》にかやせ細《ほそ》って死《し》んでしまうという。

▲夢魔《むま》インクブスの顔《かお》

夢魔インクブス

◀夢魔《むま》には二種類《しゅるい》あって、これは男《おとこ》の人《ひと》によりつく女夢魔《おんなむま》スクブスだ。夜《よる》になると鳥《とり》の翼《つばさ》をつけ飛《と》んできて、ねむっている男《おとこ》の人《ひと》の胸《むね》の上《うえ》にのしかかるのだ。そして、美《うつく》しい女《おんな》の人《ひと》の夢《ゆめ》を見《み》せているところだ。しかし二週間《しゅうかん》もつづけて女夢魔《おんなむま》があらわれたら、病気《びょうき》になってしまう。

◀これは女《おんな》の人《ひと》にとりつく男夢魔《おとこむま》インクブスで、ねこや馬《うま》やフクロウなどのいろいろな姿《すがた》であらわれ、毎日《まいにち》とりつかれると女《おんな》の人《ひと》のひふがカサカサになり、おしまいには骨《ほね》と皮《かわ》ばかりになって死《し》んでしまう。夢魔《むま》が四日《か》以《い》上《じょう》つづけてあらわれたら夜《よる》ねむらないことだ。

木《もっ》鬼《き》

▶森《もり》の中《なか》には、恐《おそ》ろしい木鬼《もっき》とはちがう木《き》の妖精《ようせい》がいる。急《きゅう》に木《き》が人間《にんげん》の姿《すがた》になってものをしゃべったりするが害《がい》はない。むしろ猛獣《もうじゅう》とか魔女《まじょ》におそわれたときに助《たす》けてくれる。

▼血《ち》を吹《ふ》きだしておそう木鬼《もっき》

ラトビアの国《くに》で恐《おそ》れられている木鬼《もっき》は，人間の姿《すがた》をしているが，顔《かお》の半分《はんぶん》が木《き》の皮《かわ》でおおわれている。そして手足《てあし》やからだも半分《はんぶん》，木《き》の枝と根《ね》でできている。あらゆる植物《しょくぶつ》の魂《たましい》が集《あつ》まって，この世《よ》に生《う》まれたという木鬼《もっき》は，人間《にんげん》を見つけると「おまえは木《き》を切《き》ったな！」とぶきみな声《こえ》で追《お》いかけてくるのだ。逃《に》げようとすると手《て》の先《さき》の枝《えだ》や根《ね》が，スルスルと長《なが》くのびてからだに巻《ま》きつき，その人《ひと》をぬるぬるした樹液《じゅえき》でとかして，ひとつのこらず根《ね》からすいとるとい

妖獣《ようじゅう》アーリマン

その昔《むかし》、ペルシアの国《くに》にいたアーリマンは、暗黒《あんこく》の帝王《ていおう》ともいわれた。この世《よ》のすべての人《ひと》びとに、悪事《あくじ》をはたらかせることを目的《もくてき》として、町《まち》から村《むら》へと夜《よる》ごとにうつりあるいた。人家《じんか》にしのびこんで、悪事《あくじ》をすることをおしつけたが、ことわるとアーリマンは両手《りょうて》のカニばさみで手足《てあし》をむざんに切《き》りとり、頭《あたま》の上《うえ》の毒《どく》蛇《へび》のエジキにして、ようしゃなくその家《いえ》の人《ひと》を殺《ころ》してしまった。

そのかわり、悪人《あくにん》となることを約束《やくそく》した人《ひと》には、ほんとうに悪事《あくじ》をはたらくとひとつぶの金《きん》をあたえた。むろんアーリマンは、ぬけ目《め》なく子分《こぶん》の毒《どく》サソリを一《ひ》人《とり》ひとりの人間《にんげん》に監視役《かんしやく》としてつけておいたので、ウソをついてもすぐにわかった。そして、金《きん》に目《め》がくらんだ人《ひと》びとでペルシアの国《くに》は悪人《あくにん》だらけとなったが、そのとき光《ひかり》の神《かみ》マツダがあらわれてアーリマンをたいじしたという。

竜《たつ》巻《まき》魔《ま》エキム

トルコの国《くに》では、砂《さ》漠《ばく》の上空《じょうくう》には恐《おそ》ろしい竜巻魔《たつまきま》エキムがいると信《しん》じられていた。やけつくような熱《あつ》い砂《さ》漠《ばく》で、水《みず》もなく食料《しょくりょう》もなくて死《し》んでしまった多《おお》くの旅人《たびびと》たちの亡霊《ぼうれい》がより集《あつ》まって、ものすごく大《おお》きな妖《よう》怪《かい》エキムになったといわれているのだ。

砂《さ》漠《ばく》を歩《ある》いて行《い》くと、とつぜん行手《ゆくて》に灰《はい》色《いろ》の雲《くも》がむくむくと立《た》ちのぼり、雲《くも》よりも背《せ》の高《たか》い巨人《きょじん》がぬっとあらわれる。四本《ほん》の角《つの》をもった鬼《おに》のような姿《すがた》だ。

そしてたちまちゴウーッとものすごい風《かぜ》が渦《うず》を巻《ま》いたかと思《おも》うと、一瞬《いっしゅん》にしてエキムの大《おお》きな口《くち》が旅人《たびびと》やラクダごとのみこんで空中《くうちゅう》へ消《き》えてしまうのだ。これは竜巻《たつまき》現象《げんしょう》を妖怪《ようかい》と考《かんが》えたものだろう。

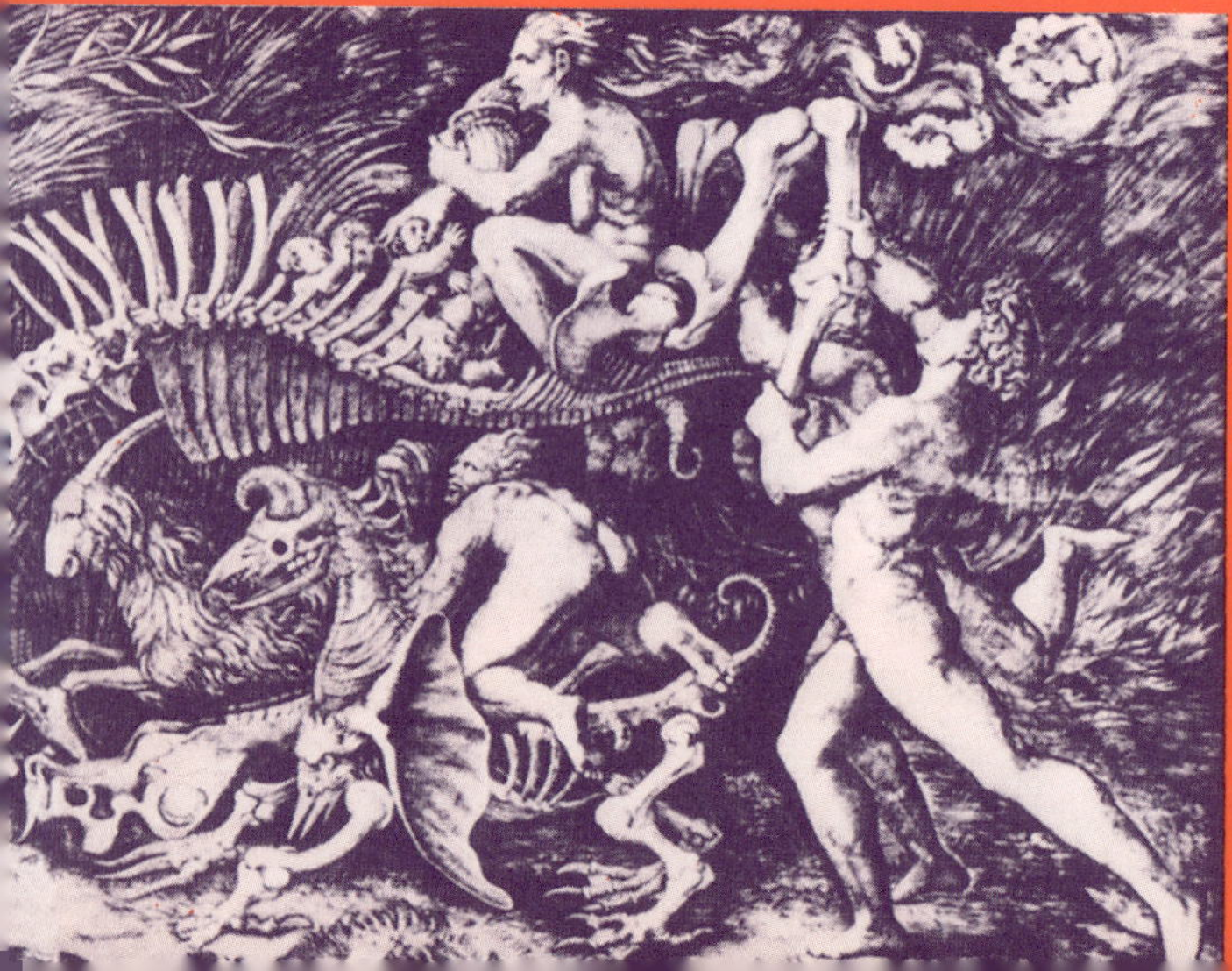

＊骸《がい》骨《こつ》さがし

ブルガリアにいる骸骨《がいこつ》さがしは、姿《すがた》の見《み》えない妖怪《ようかい》だ。うらみをもつおんりょうが、ふしぎな魔力《まりょく》をあやつっていると信《しん》じられている。一年《ねん》に一度《ど》の三月《がつ》十三日《にち》の午前《ごぜん》0時《じ》、心《こころ》の中《なか》にうらみをもつ人《ひと》びとは夢《む》遊病《ゆうびょう》者《しゃ》のように、ふらふらと外《そと》に出《で》て、骨《ほね》をさがしはじめる。墓地《ぼち》とか火葬場《かそうば》とか、気《き》ちがいのようになって骸《がい》骨《こつ》を見《み》つけて森《もり》のほうへと向《む》かう。また動物《どうぶつ》の骨《ほね》の死骸《しがい》もひとりでに歩《ある》きだして、ぶきみな骸骨《がいこつ》の行列《ぎょうれつ》になるのだという。

もし、人《ひと》を殺《ころ》したことがある悪人《あくにん》が、この骸骨《がいこつ》の行列《ぎょうれつ》を一瞬《いっしゅん》でも見《み》ると、体《からだ》の骨《ほね》が体外《たいがい》に飛《と》びだし、即死《そくし》したという。

まだらミイラ

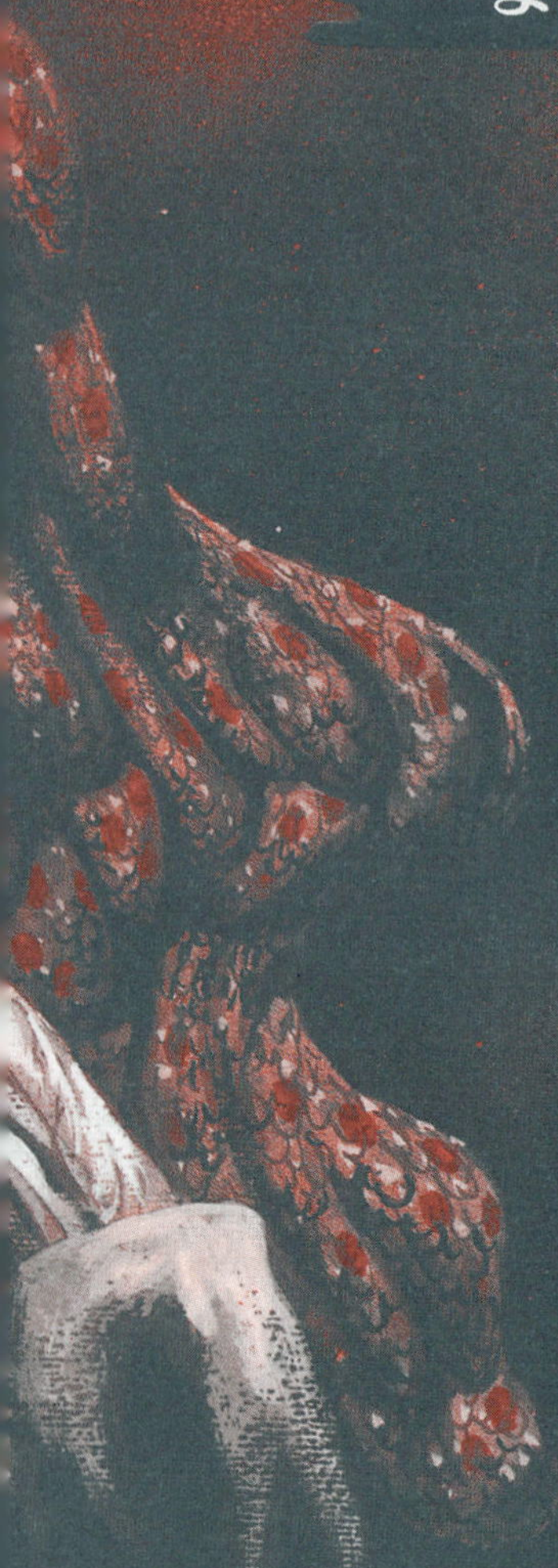

フィンランドの国《くに》で、昔《むかし》から恐《おそ》れられている妖《よう》怪《かい》まだらミイラは、まるでアメーバのようにぶよぶよしていて、ぶきみなはん点《てん》が無《む》数《すう》にある。人《じん》家《か》の暗《くら》くて、じめじめした場《ば》所《しょ》にナメクジのように小《ちい》さくなっているが、夜《よる》になるとはい出《だ》して来《き》て、とつぜんムクムクと大《おお》きくなるのだ。そして長《なが》いクダのようなものを、ねむっている人《ひと》の鼻《はな》穴《あな》にさしこみ、その人《ひと》の内《ない》臓《ぞう》をとかしてすいとってしまい、骨《はね》と皮《かわ》ばかりのミイラにしてしまうのだ。

投《な》げすて魔人《まじん》

スエーデンの国《くに》では，寒《さむ》い冬《ふゆ》の夜明《よあけ》がたに，とつぜんものすごい音《おと》で，びっくりすることがある。屋根《やね》の上《うえ》や窓《まど》ガラスを突《つ》きやぶって，へやの中《なか》に落《お》ちてきたのは，なんとカチカチに凍《こお》った人間《にんげん》ではないか。

それは，高《たか》さが100メートルもある骸骨《がいこつ》の姿《すがた》をした投《な》げすて魔人《まじん》が，雪野原《ゆきのはら》で凍死《とうし》した人《ひと》びとの死体《したい》をひろい集《あつ》めて，人家《じんか》に投《な》げすてるのだという。

＊妖獣《ようじゅう》ゲランゴ

ゲランゴは、ヨーロッパの山々《やまやま》にすんでいる、どうもうな妖獣《ようじゅう》だ。生《い》きている動物《どうぶつ》や人《にん》

＊海魔獣《かいまじゅう》ドロン

海魔獣《かいまじゅう》ドロンは、まるで忍者《にんじゃ》のようだ。あまり大《おお》きくなくて奇怪《きかい》な姿《すがた》をしているの

て相手《あいて》をたおし、トカゲのように音《おと》をたてずにすばやく走《はし》って、ズタズタに全身《ぜんしん》を引《ひ》きさいてしまう。そのくせ殺《ころ》した人間《にんげん》の死体《したい》を食《た》べるでもなく、生首《なまくび》をしっぽで空中《くうちゅう》にほうり投《な》げて、ゲランゲランと笑《わら》っているという。

ンが、とつぜんパッと姿《すがた》を消《け》してしまう。だが、次《つぎ》の瞬間《しゅんかん》ドロンは、その人《ひと》の背後《はいご》からガブリと食《く》いつくという魔術《まじゅつ》を使《つか》うのだ。

地《ち》底《てい》魔《ま》王《おう》ブイイ

地《ち》底《てい》魔《ま》王《おう》ブイイは、ソ連《れん》に伝《つた》わる妖《よう》怪《かい》たちのボスとして、地《ち》の底《そこ》にねむっている。ずんぐりした姿《すがた》で、全《ぜん》身《しん》にカビがはえていて三千年《ねん》以《い》上《じょう》も生《い》きつづけているという。ねむっているようでも、あらゆる妖《よう》怪《かい》変《へん》化《げ》や吸《きゅう》血《けつ》鬼《き》、魔《ま》女《じょ》などがどんなことをやっているか、すべてわかっている。もし、魔《ま》女《じょ》や妖《よう》怪《かい》が魔《ま》力《りょく》を失《うしな》って人《にん》間《げん》に殺《ころ》されそうになると、地《ち》底《てい》から出《で》てきて新《あたら》しい魔《ま》力《りょく》をあたえ、その人《にん》間《げん》をのろい殺《ころ》してしまうのだ。

巨人《きょじん》アンタス

巨人《きょじん》アンタスは，ギリシアの山奥《やまおく》にすんでいてとても知恵《ちえ》がはたらく。妖怪《ようかい》というよりは，心《こころ》のやさしい巨人《きょじん》だ。悪魔《あくま》とか魔女《まじょ》、猛獣《もうじゅう》などに追《お》われていると，両手《りょうて》で運《はこ》んで助《たす》けてくれる。

＊三つ目《め》どくろ

チベットの国《くに》では、妖怪《ようかい》三つ目《め》どくろに五十年間《ねんかん》、ぜったいにもんくをいわず、どんな

＊怪牛《かいぎゅう》ストーンカ

怪牛《かいぎゅう》ストーンカは、ユーゴスラビアの国《くに》じゅうで大《おお》あばれした、不死身《ふじみ》の魔牛《まぎゅう》だ。その

魔術がさずけられるという。三つ目どくろに千里眼《せんりがん》の超能力《ちょうのうりょく》と死者《ししゃ》の国《くに》の人《ひと》びととの交信《こうしん》そして、未来《みらい》の光景《こうけい》を見《み》ることができるふしぎなガラス台《だい》、しかも自分《じぶん》と同《おな》じ姿《すがた》の分身《ぶんしん》をいくつもつくって別々《べつべつ》の行動《こうどう》もできるのだ。この魔術《まじゅつ》をうけた人《ひと》は、五人《にん》だけだという。

たちにしたら殺しまわった。たいしょうとしても、人間《にんげん》の姿《すがた》を見《み》ると決《けっ》して近《ちか》づかず、ワナをかけても知《し》ってしまうという魔力《まりょく》をもっていた。だが、馬《うま》の皮《かわ》を着《き》た人《ひと》が、馬《うま》になりすまして黄金《おうごん》の剣《けん》で刺《さ》すと死《し》んだという。

女《め》神《しん》カーリ

昔《むかし》からインドに伝《つた》えられる女神《めしん》カーリは、いまなお町《まち》や村《むら》で、石像《せきぞう》をつくってまつられている。

もともとは、人間《にんげん》にやさしい愛《あい》と美《うつく》しい心《こころ》とをあたえてくれるすばらしい神《かみ》さまだった。しかも貧《まず》しい人《ひと》には、財宝《ざいほう》のありかを教《おし》えてくれた。

ところが、人間《にんげん》があまりにウソをつき、女神《めしん》カーリとの約束《やくそく》をやぶりつづけたので、とうとう怒《おこ》ったカーリは、猛獣《もうじゅう》と人間《にんげん》との半人半獣《はんにんはんじゅう》の姿《すがた》となって、ザンニンな女神《めしん》とかわってしまったのだ。

人《ひと》びとが、願《ねが》いごとをしにやってくると、女神《めしん》カーリは、羊《ひつじ》やブタをいけにえにささげよと命《めい》じ、赤《あか》んぼうを殺《ころ》して持《も》ってこいというのだ。そして、この命令《めいれい》をこばむ人《ひと》は熱病《ねつびょう》にかかって死《し》に、いけにえをささげる人《ひと》の願《ねが》いだけをきくという。

百眼《ひゃくがん》タイガー

パキスタンでは、天使《てんし》のように美《うつく》しい女《おんな》の人《ひと》が、百眼《ひゃくがん》タイガーに乗《の》ってあらわれると、夜《よる》でもパッと明《あか》るくなるという。

百眼《ひゃくがん》タイガーは、人間《にんげん》を食《く》い殺《ころ》した動物《どうぶつ》や悪事《あくじ》を働《はたら》いた人間《にんげん》を見《み》つけると次《つぎ》から次《つぎ》とのみこんで、悪《わる》い魂《たましい》をすいとってから、また生《い》きたままの姿《すがた》ではきだしてくれるという。百個《こ》の目《め》をもつタイガーは、この世《よ》のどんな悪事《あくじ》も見《み》えるという。

▶吸血《きゅうけつ》グール

イタリアの吸血《きゅうけつ》グールは夜《よる》ねむっている少女《しょうじょ》や子供《こども》だけをねらってあらわれるが，生《い》き血《ち》をすうので，おそわれた人《ひと》は貧血《ひんけつ》をおこす。

◀マンダラゲ

これは，人間《にんげん》と同《おな》じように魂《たましい》をもち，ふしぎな魔力《まりょく》をもった植物《しょくぶつ》だ。人間《にんげん》のからだの中《なか》にしのびこんで、人間《にんげん》を自由《じゆう》に動《うご》かすという。

＊海《うみ》ぼうず

▶人間《にんげん》をおそう海《うみ》ぼうず

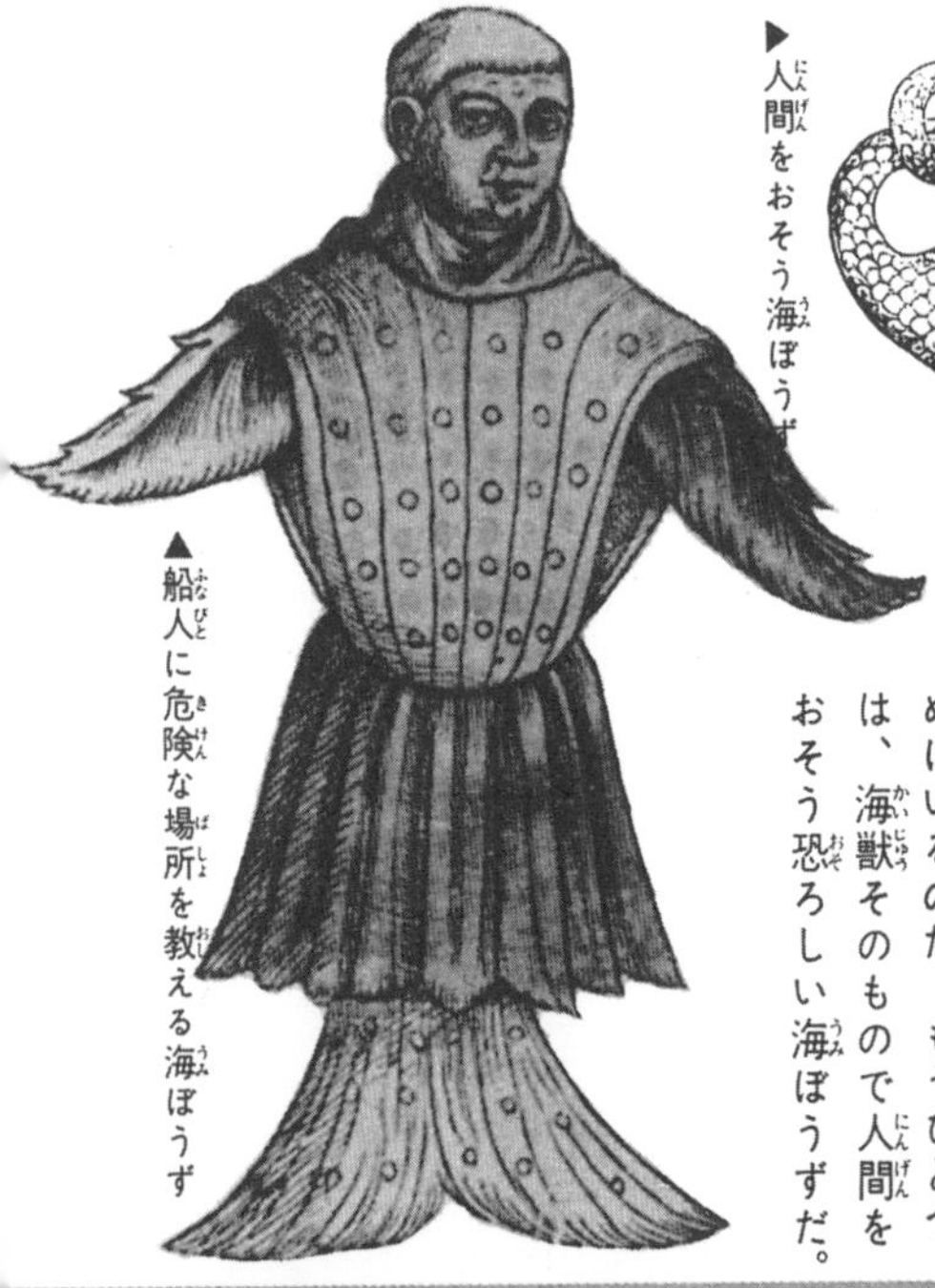

▲船人《ふなびと》に危険《きけん》な場所《ばしょ》を教《おし》える海《うみ》ぼうず

大西洋《たいせいよう》にいる海《うみ》ぼうずは、二種《しゅ》類《るい》あって、日本《にっぽん》の海《うみ》ぼうずとはちがうようだ。ひとつは牧師《ぼくし》の顔《かお》をした半魚《はんぎょ》という姿《すがた》をしていて、船《ふな》人《びと》たちは、この海《うみ》ぼうずを見《み》ると、「近《ちか》くには危険《きけん》な場所《ばしょ》があるぞ」という。牧師《ぼくし》の姿《すがた》をした海《うみ》ぼうずは、水死人《すいしにん》をなぐさめるためにいるのだ。もうひとつは、海獣《かいじゅう》そのもので人間《にんげん》をおそう恐《おそ》ろしい海《うみ》ぼうずだ。

◀魔《ま》王《おう》アントム

中央《ちゅうおう》アジアのトルキスタン地方《ちほう》には、魔《ま》王《おう》アントムが、この世《よ》のすべてを支配《しはい》していると信《しん》じられている。台風《たいふう》や火事《かじ》、雨《あめ》と雪《ゆき》。そして人《にん》間《げん》の悪事《あくじ》などは、魔《ま》王《おう》の命令《めいれい》だというのだ。

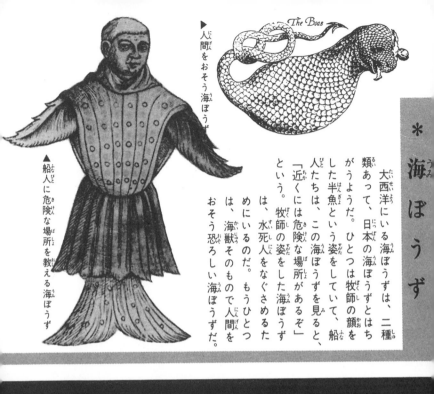

一《いっ》角《かく》巨《きょ》人《じん》

ドイツの山奥《やまおく》にすんでいた一角巨人《いっかくきょじん》は、頭《あたま》の上《うえ》に大《おお》きな角《つの》がはえ、身《み》のたけ六メートルもあるという鬼《おに》だった。

いつもは山《やま》の大《おお》きなほら穴《あな》にいるが、毎日《まいにち》、山《やま》のふもとまでおりてきた。村《むら》の人《ひと》びとが、山《やま》のふもとのほこらに牛《うし》や馬《うま》の新《あたら》しい肉《にく》をそなえておかないと、ものすごくあばれまわって村《むら》をおそい、人間《にんげん》までつかまえて食《く》い殺《ころ》したという。

牛鬼《ぎゅうき》カルフ

はじめは，どうもうな牛鬼《ぎゅうき》だったが，悪魔《あくま》との戦《たたか》いに敗《やぶ》れて角《つの》をもぎとられてから，ひどくのろまになってしまったベルギーの妖怪《ようかい》。とてもおいしそうなにおいを発《はっ》するので，牛鬼《ぎゅうき》カルフは動物妖怪《どうぶつようかい》にねらわれて食《く》い殺《ころ》された。そのおかげで，ずいぶん人間《にんげん》がねらわれずにすんだ。

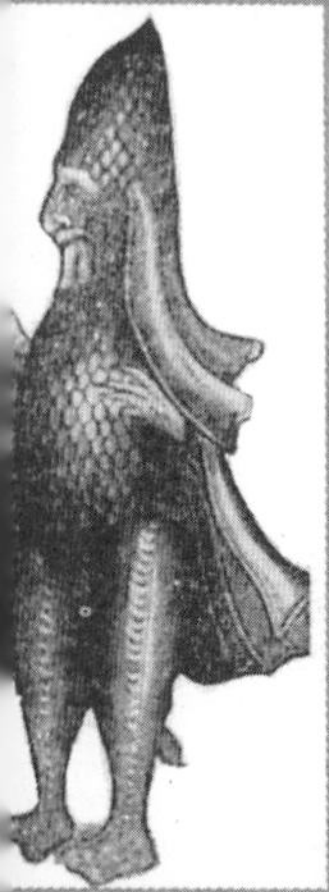

▲妖獣《ようじゅう》ベロン

ナメクジのように全《ぜん》身《しん》ぬるぬるのチェコの妖怪《ようかい》。人間《にんげん》をとかしてのみこんでしまう。

▶超獣《ちょうじゅう》ゴダーン

スエーデンの妖怪《ようかい》で，白《しろ》と赤《あか》と黒《くろ》の毛皮《けがわ》の色《いろ》をした超獣《ちょうじゅう》が三頭《とう》いっしょにいる。雪《ゆき》と火《ひ》と雨《あめ》とを自由《じゆう》にまきおこすことができる不死身《ふじみ》の魔力《まりょく》をもっている。

◀オボボ

サナダ虫《むし》のような姿《すがた》をしたポリネシア地方《ちほう》の妖怪《ようかい》。悪人《あくにん》だけをねらって，からだの中《なか》にもぐりこみ，悪人《あくにん》のからだの内臓《ないぞう》をみんな食《た》べてしまう妖怪《ようかい》だ。

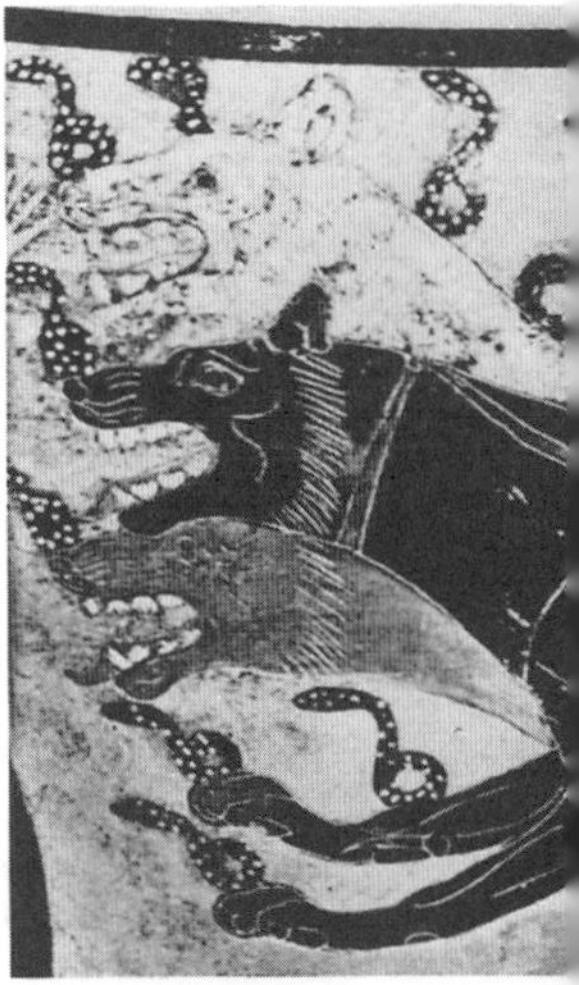

▼ごくらく巨人《きょじん》

アラスカのエスキモー民族《みんぞく》に信《しん》じられているすばらしい妖怪《ようかい》。大《おお》きなみのを着《き》てあたたかそうな姿《すがた》をしている巨人《きょじん》に，命《いのち》をあずけることを約束《やくそく》すると死《し》んでからも，ごくらくのようにあたたかく暮《く》らせるという。

▲魔獣《まじゅう》キラーバ

建物《たてもの》をはかいしてしまうユーゴスラビアの妖怪《ようかい》。二つの大《おお》きな触手《しょくしゅ》の先《さき》がいくつにも分《わ》かれていて，建物《たてもの》の小さなすきまにどんどんもぐりこみ，どんなじょうぶな建物《たてもの》でもこわしてしまう。

ウィンティゴ

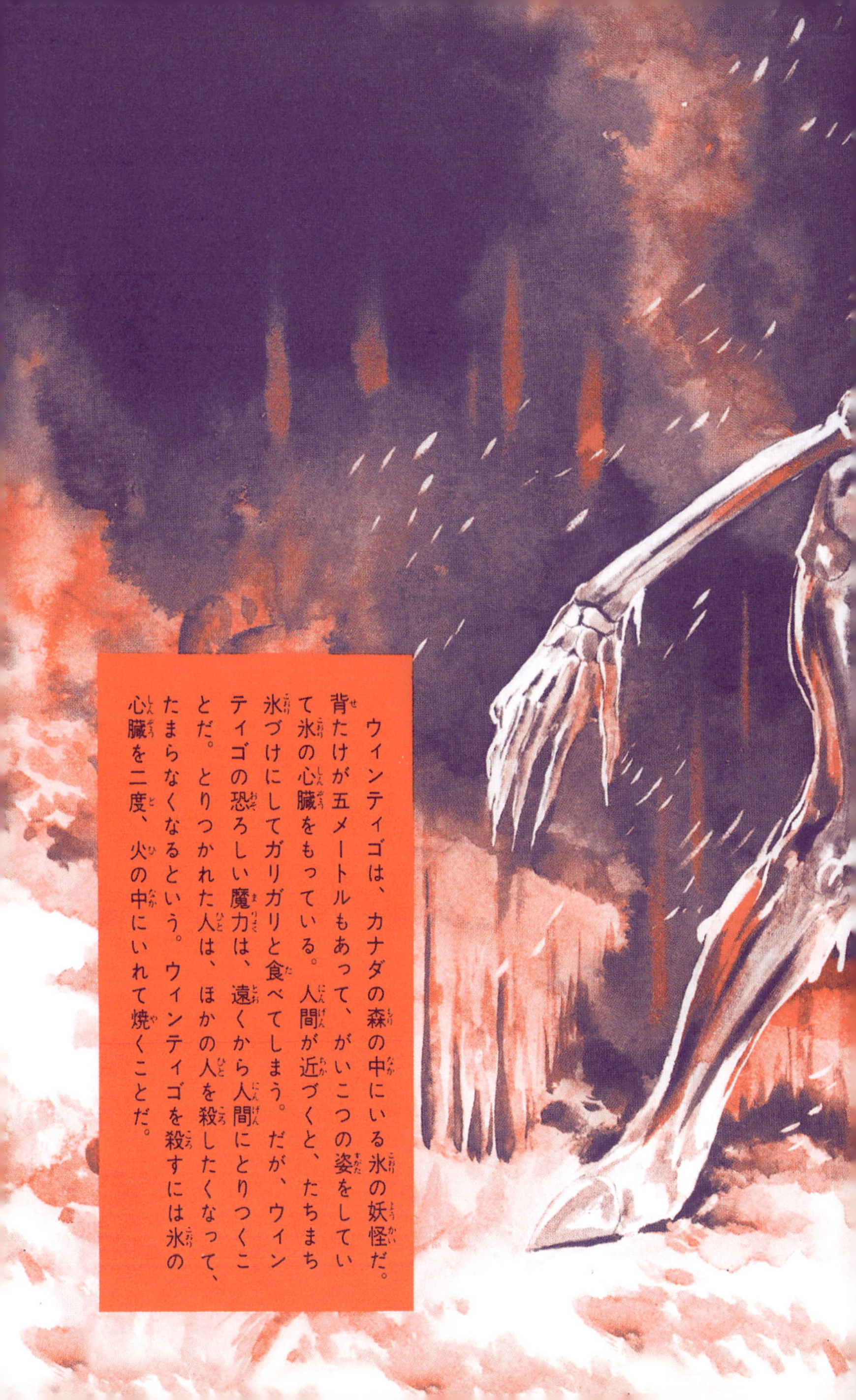

ウィンティゴは、カナダの森《もり》の中《なか》にいる氷《こおり》の妖怪《ようかい》だ。背《せ》たけが五メートルもあって、がいこつの姿《すがた》をしていて氷《こおり》の心臓《しんぞう》をもっている。人間《にんげん》が近《ちか》づくと、たちまち氷《こおり》づけにしてガリガリと食《た》べてしまう。だが、ウィンティゴの恐《おそ》ろしい魔力《まりょく》は、遠《とお》くから人間《にんげん》にとりつくことだ。とりつかれた人《ひと》は、ほかの人《ひと》を殺《ころ》したくなって、たまらなくなるという。ウィンティゴを殺《ころ》すには氷《こおり》の心臓《しんぞう》を二度《ど》、火《ひ》の中《なか》にいれて焼《や》くことだ。

妖怪学⑥

▲巨大《きょだい》ライオン魔獣《まじゅう》は不死《ふし》の魔力《まりょく》をもっている。

＊妖怪《ようかい》の弱点《じゃくてん》

日本《にっぽん》の妖怪《ようかい》変化《へんげ》や外国《がいこく》の悪魔《あくま》などは、ほとんど太陽《たいよう》の光《ひかり》をきらうが、なぜだろうか。それは、すべての魔力《まりょく》をもつ妖怪《ようかい》は、暗黒《あんこく》の世《せ》界《かい》から生《う》まれでてきたものだからだ。妖怪《ようかい》の恐《おそ》ろしい魔力《まりょく》は、暗《くら》やみの中《なか》でこそ発《はっ》きされるが、太陽《たいよう》の光《ひかり》があたると魔力《まりょく》が消《き》えてしまうのだ。

それで、太陽《たいよう》のしるしをあらわす円《えん》をかいて、その中《なか》にはいっていると悪魔《あくま》は円《えん》の中《なか》にはいることができないのだ。

それに、妖怪《ようかい》が太陽《たいよう》の光《ひかり》をきらうのは、自分《じぶん》の正体《しょうたい》をすぐに見《み》やぶられてしまうからだ。妖怪《ようかい》の多《おお》くは影《かげ》がうつらないので、太陽《たいよう》の光《ひかり》をあびても影《かげ》がないと、たちまち妖怪《ようかい》であることを見《み》ぬかれてしまうのだ。

また、ヨーロッパの悪魔《あくま》や妖怪《ようかい》の多《おお》くは、十字架《じゅうじか》が大《だい》きらいだ。十字架《じゅうじか》をつきつけられると、魔力《まりょく》も消《き》えてしまう。十字架《じゅうじか》には、暗《あん》黒《こく》の世界《せかい》をてらす光《ひかり》という意味《いみ》があるからだ。不死身《ふじみ》の狼男《おおかみおとこ》も銀《ぎん》の十字架《じゅうじか》でつくった弾丸《だんがん》をうたれると死《し》ぬという。

だが、さすがは妖怪《ようかい》。狼男《おおかみおとこ》のなかには金《きん》の十字架《じゅうじか》でつくった弾丸《だんがん》でないと死《し》なないものもいるし、悪霊《あくりょう》ののりうつった妖獣《ようじゅう》や魔獣《まじゅう》には、太陽《たいよう》の光《ひかり》も十字架《じゅうじか》もなんの役《やく》にもたたない恐《おそ》ろしいやつもいる。

★悪魔《あくま》の王国《おうこく》をつくりあげた全世界《ぜんせかい》の超悪魔《ちょうあくま》100種類《しゅるい》をさぐる。

6 世界の超悪魔

★この世《よ》の中《なか》を暗黒《あんこく》の世界《せかい》にぬりつぶそうとする悪魔《あくま》と、これに対決《たいけつ》するキリスト教《きょう》の聖者《せいじゃ》。さて、どちらが勝《か》つか？

悪魔《あくま》のゆうわく

＝悪魔《あくま》は，どのようにして人間《にんげん》を悪《あく》の世界《せかい》にひきずりこんだろうか？＝

悪魔《あくま》は、いろいろな姿《すがた》に変身《へんしん》できるばかりではなく、人間《にんげん》の心《こころ》の中《なか》まで知《し》ることができる。それで、悪魔《あくま》は人間《にんげん》を悪《あく》の世界《せかい》にひきずりこむために、美《うつく》しい少女《しょうじょ》や強《つよ》そうな兵士《へいし》、人《ひと》のよさそうな農民《のうみん》などに姿《すがた》を変《か》えて人間《にんげん》に近《ちか》づいた。また、鳥《とり》や昆虫《こんちゅう》、魚《さかな》などにも変身《へんしん》して、人《ひと》びとをまどわした。

悪魔《あくま》は、まず人間《にんげん》の弱点《じゃくてん》を知《し》ると、しつこくつきまとって、ささやいた。若《わか》い男《おとこ》の人《ひと》には美《うつく》しい女《おんな》の人《ひと》になってあらわれ、病気《びょうき》の人《ひと》には占師《うらないし》になって病気《びょうき》がなおるくすりをもってあらわれた。お金《かね》のほしい人《ひと》には宝石《ほうせき》や黄金《おうごん》をちらつかせて、人間《にんげん》をゆうわくしたのだ。悪魔《あくま》は、人間《にんげん》の魂《たましい》をもらうかわりに、約束《やくそく》におうじた人《ひと》には、望《のぞ》みどおりの財宝《ざいほう》や魔力《まりょく》で病気《びょうき》をなおしてやったが、しかし一度《いちど》、魂《たましい》をうった人《ひと》は、一生《いっしょう》、悪魔《あくま》の子分《こぶん》となるのだ。

▶若《わか》い女《おんな》の人《ひと》には、遠《とお》くにいる恋人《こいびと》に会《あ》わせることを約束《やくそく》して、悪魔《あくま》は空中《くうちゅう》を飛《と》んだ。そ

▲悪魔《あくま》は，ときには暴力《ぼうりょく》をふるったり，家《いえ》に火《ひ》をつけたりして強《きょう》はくしたこともあっ

◀悪魔《あくま》は、人間《にんげん》を好きになってしまうこともあってオキテに反《はん》した悪魔《あくま》は灰《はい》になった。

▶貴族《きぞく》や軍人《ぐんじん》には、もっと高《たか》い地位《ちい》をあたえることを約束《やくそく》して、悪魔《あくま》は魂《たましい》をもらった。

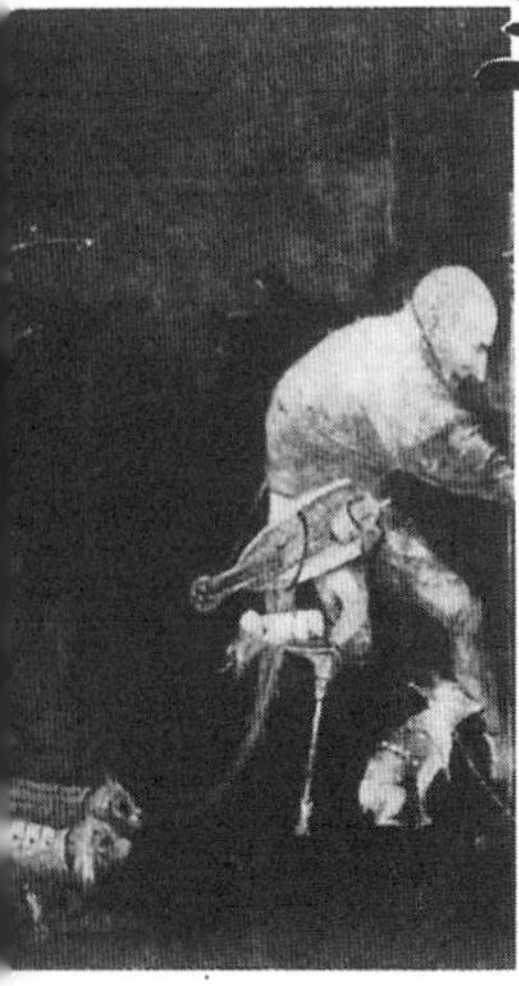

悪魔《あくま》の使者《ししゃ》

＝悪魔《あくま》があやつる魔術師《まじゅつし》や魔女《まじょ》＝

悪魔《あくま》の手先《てさき》となったのは，男《おとこ》の魔術師《まじゅつし》でその下《した》に多《おお》くの魔女《まじょ》や使《つか》い魔《ま》がいた。魔術師《まじゅつし》は自分《じぶん》の魂《たましい》を悪魔《あくま》にうりわたしたかわりに，悪《あく》魔《ま》に望《のぞ》みどおりのことを要求《ようきゅう》できた。そして魔女《まじょ》となった人《ひと》には魔術《まじゅつ》を教《おし》えたが，魔術師《まじゅつし》ひとりが100人《にん》もの魔女《まじょ》をしたがえたという。

また，魔女《まじょ》たちは子供《こども》を悪魔《あくま》のいけにえとしてさしだしたが，そのかわりに永遠《えいえん》の生命《せいめい》や多《おお》くの財宝《ざいほう》をもらった。そして，悪魔《あくま》の手《て》下《した》の使《つか》い魔《ま》たちが魔女《まじょ》を手《て》つだったという。

有名《ゆうめい》な魔《ま》術《じゅつ》師《し》たち

中世《ちゅうせい》のころ、ヨーロッパではバカにつけるくすりとか海水《かいすい》や土《つち》から金《きん》をとるという錬金術《れんきんじゅつ》がさかんになった。それと同時《どうじ》に悪魔《あくま》の研究《けんきゅう》もすすんで、ふしぎな魔力《まりょく》を使《つか》う魔術師《まじゅつし》が次《つぎ》つぎとあらわれた。

◉**マグヌス**（一一九三～一二八〇年）

いろいろな薬草《やくそう》とか宝石《ほうせき》を使《つか》って、あやしげな呪文《じゅもん》をとなえた。その宝石《ほうせき》で病気《びょうき》をなおしたり、城《じょう》主《しゅ》どうしが戦争《せんそう》をおこすようにしむけたりする幻影術《げんえいじゅつ》をあやつった。

◉**アグリッパ**（一四八六～一五三五年）

人間《にんげん》は知恵《ちえ》の力《ちから》によって、どんな奇跡《きせき》でもできると考《かんが》えていた。それで、超自然現象《ちょうしぜんげんしょう》を黒魔術《くろまじゅつ》にとりいれて、ふしぎなことがおこる魔法《まほう》の円《えん》をつくりだした。

▼魔術師《まじゅつし》と使《つか》い魔《ま》たち

◀左《ひだり》の絵《え》でわかるように、悪魔《あくま》のもとには悪魔《あくま》→魔術師《まじゅつし》→魔女《まじょ》→使《つか》い魔《ま》といううきびしい階級《かいきゅう》があった。動物《どうぶつ》の使《つか》い魔《ま》は、魔女《まじょ》の血《ち》で育《そだ》てられた。

◉ファースト（一五二〇～？）

十六世紀《せいき》には、最高《さいこう》の魔術師《まじゅつし》といわれ、自分《じぶん》で地獄《じごく》へ行《い》ってきたという。紋首台《こうしゅだい》のクサリで魔法円《まほうえん》をつくった。有名《ゆうめい》なゲーテの名作《めいさく》「ファースト」のモデルとなった。

◉カリオストロ（？～一七九五年）

霊魂《れいこん》の不滅《ふめつ》を信じる大魔術師《だいまじゅつし》。彼《かれ》の信者《しんじゃ》は百万人《にん》もいたが、ふしぎな魔力《まりょく》を使って百人《にん》もの不具者《ふぐしゃ》をなおし、錬金術《れんきんじゅつ》でダイヤモンドも作《つく》ったという。

◉プランシ（一八二〇年～？）

十九世紀《せいき》の悪魔《あくま》の研究者《けんきゅうしゃ》として世界的《せかいてき》に有名《ゆうめい》。自分《じぶん》で悪魔《あくま》を呼《よ》びだして、悪魔《あくま》といろいろな話《はなし》をした。死《し》ぬまでかかって「悪魔《あくま》の大《だい》辞典《じてん》」や「地獄辞典《じごくじてん》」をかいた。

悪魔《あくま》をよびだす術《じゅつ》

＝魔術師《まじゅつし》はどんな方法《ほうほう》で悪魔《あくま》を呼《よ》びだすのか？＝

▼魔法円《まほうえん》の中《なか》にはいっ
悪魔《あくま》と取《と》りひきする。

悪魔《あくま》は、人間《にんげん》の魂《たましい》がほしいために、魔術師《まじゅつし》の呼《よ》びだしにおうじてあらわれた。しかし、魔術師《まじゅつし》のほうでは、多《おお》くの悪魔《あくま》の中《なか》から目的《もくてき》の悪魔《あくま》を呼《よ》びだすためには、その悪魔《あくま》の特長《とくちょう》をよく知《し》っていなければならなかった。悪魔《あくま》には、それぞれにちがった紋章《もんしょう》をもち、呼《よ》びだすときの呪文《じゅもん》もちがうからだ。

そして魔術師《まじゅつし》は、魔法円《まほうえん》の中《なか》にはいって呪《じゅ》文《もん》をとなえながら悪魔《あくま》を呼《よ》びだすと、自分《じぶん》以外《いがい》の人《ひと》の魂《たましい》をあたえるかわりに、自分《じぶん》の望《のぞ》みがかなえられるように取《と》りひきした。すると魔術師《まじゅつし》は羊皮紙《ようひし》に自分《じぶん》の血《ち》でサインし、悪魔《あくま》もまた、それにサインしてけいやくした。

▶悪魔《あくま》によって、あらわれる時間《じかん》がきまっているので、その時間《じかん》に悪魔《あくま》のすきなさびしい場所《ばしょ》をえらんで呼《よ》びだす。魔法《まほう》円《えん》は、ふつうは二重《じゅう》の円《えん》をかく。内側《うちがわ》の円《えん》は自分《じぶん》を守《まも》り外側《そとがわ》の円《えん》は他人《たにん》を守《まも》るためだ。

◀魔術師《まじゅつし》は自分以外《じぶんいがい》の人《ひと》の魂《たましい》を悪魔《あくま》にあたえることを約束《やくそく》して悪魔《あくま》を呼《よ》びだした。この場合《ばあい》は女《おんな》の人《ひと》の魂《たましい》を代《だい》しょうにして悪魔《あくま》を出現《しゅつげん》させている。

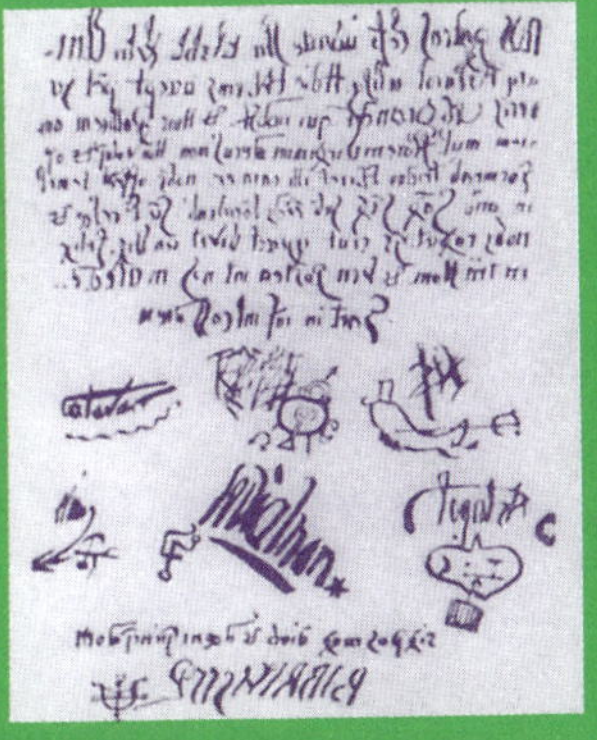

▶右《みぎ》の円《えん》が，魔法円《まほうえん》といわれるもの。悪魔《あくま》を呼《よ》びだすときは，ロウソクをたてて呪文《じゅもん》をとなえると，悪魔《あくま》はこの円《えん》の中《なか》にはいることはできない。だが，指《ゆび》一本《ぽん》でも円《えん》の外《そと》にでていると，その人《ひと》はズタズタにされる。

▲悪魔《あくま》とのけいやく書《しょ》は，カガミを使《つか》って右《みぎ》から左《ひだり》へと書《か》く。

◀これは悪魔《あくま》ロフカルの紋章《もんしょう》とサイン。

魔《ま》法《ほう》術《じゅつ》の道《どう》具《ぐ》

＝悪《あく》魔《ま》を呼《よ》びだすには，いろいろな道《どう》具《ぐ》が必《ひつ》要《よう》だ＝

悪《あく》魔《ま》を呼《よ》びだすには、なかなかむずかしい。魔《ま》法《ほう》術《じゅつ》には、きびしい規《き》則《そく》があって、その手《て》順《じゅん》をすこしでもまちがえると、たちまち悪《あく》魔《ま》に全《ぜん》身《しん》ズタズタにされて殺《ころ》された。そして、魔《ま》法《ほう》術《じゅつ》には、さまざまな道《どう》具《ぐ》が必《ひつ》要《よう》で、その使《つか》い方《かた》と順《じゅん》序《じょ》などが、魔《ま》法《ほう》術《じゅつ》の本《ほん》にくわしく書《か》かれた。紋《もん》章《しょう》や呪《じゅ》文《もん》、魔《ま》法《ほう》のランプや魔《ま》剣《けん》指《ゆび》輪《わ》や魔《ま》法《ほう》円《えん》、栄《えい》光《こう》の手《て》や薬《やく》草《そう》など、たくさんの道《どう》具《ぐ》が必《ひつ》要《よう》なのだ。なかでも呪《じゅ》文《もん》は長《なが》くておぼえにくいので、メダルに書《か》きこまれた。

▼魔《ま》術《じゅつ》師《し》の使《つか》う魔《ま》法《ほう》のランプと剣《けん》

◀悪《あく》魔《ま》アスタロトの紋《もん》章《しょう》

▶悪《あく》魔《ま》は、それぞれにちがった紋《もん》章《しょう》をもち、その中《なか》に呪《じゅ》文《もん》を書《か》いていた。これは悪《あく》魔《ま》アスタロトの紋《もん》章《しょう》で、呪《じゅ》文《もん》は「アスタロト、アドル、カメト、ベリエリト、マゾフ……」というふうに、暗《あん》号《ごう》で紋《もん》章《しょう》の中《なか》に書《か》かれている。

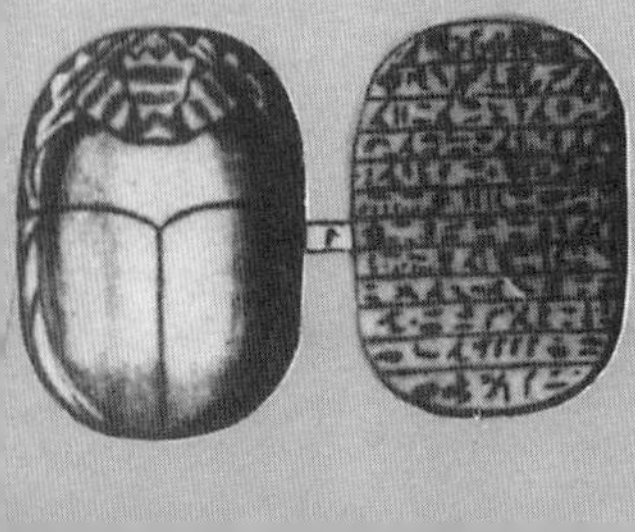

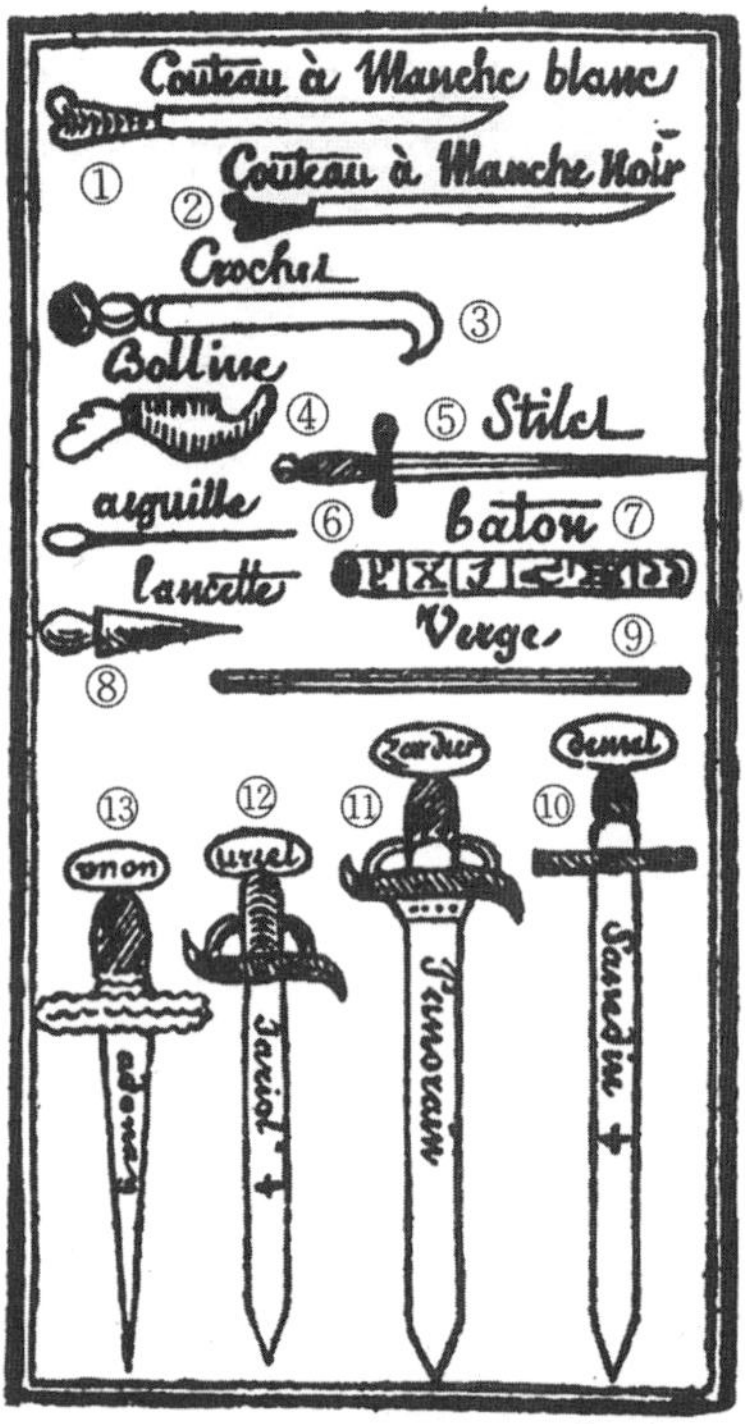

◀魔術師《まじゅつし》は，左《ひだり》の図《ず》のようなナイフや魔剣《まけん》をいろいろと使《つか》いわけた。魔術《まじゅつ》に必要《ひつよう》なハシバミの枝《えだ》を切《き》ったり，けいやく書《しょ》のサイン用《よう》の血《ち》をだすのに使《つか》う①白《しろ》ナイフ②黒《くろ》ナイフ③かぎナイフ④小《こ》がま⑤小剣《しょうけん》⑥針《はり》⑦魔杖《まじょう》⑧メス⑨長杖《ちょうじょう》⑩～⑬大小《だいしょう》の魔剣《まけん》。

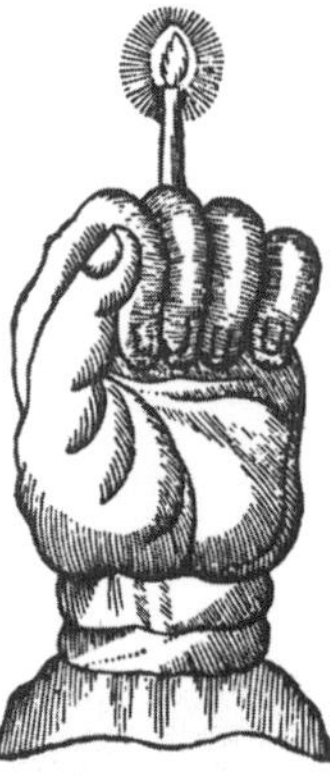

◀これは、魔術《まじゅつ》を行《おこ》なうときに必《ひっ》要《よう》なローソク立《た》てで、〈栄光《えいこう》の手《て》〉と名《な》づけられている。死刑《しけい》にした人間《にんげん》の手首《てくび》を切《き》って塩《しお》づけにし、血《ち》をしぼって日ぼしにして作《つく》った。

▼これはアグリッパが使《つか》った魔《ま》法円《ほうえん》だが，魔法円《まほうえん》をえがくときは，鐘乳石《しょうにゅうせき》のような白《しろ》とかっ色《しょく》の血玉髄《けつぎょくずい》という鉱石《こうせき》を使《つか》う。

▲これは薬草《やくそう》のマンドラゴラ。これで若《わか》がえりのくすりやねむりぐすり，ほれぐすりなどを作る。

▼魔術師《まじゅつし》は、かならず指輪《ゆびわ》をはめている。たとえば下《した》の写真《しゃしん》のような指輪《ゆびわ》を指《ゆび》でこすって、悪魔《あくま》に仕事《しごと》を命《めい》じたり中《ちゅう》止《し》させたりするのに使《つか》う。

★白《しろ》魔《ま》術《じゅつ》

黒《くろ》魔《ま》術《じゅつ》と白《しろ》魔《ま》術《じゅつ》

═魔術《まじゅつ》には2種類《しゅるい》あったが，そのちがいは？═

悪魔《あくま》をこの世《よ》に呼《よ》びだすことができた魔術師《まじゅつし》にもよいことのために魔術《まじゅつ》を使《つか》う白魔術師《しろまじゅつし》と，自分《じぶん》だけのために魔術《まじゅつ》を利用《りよう》する黒魔術師《くろまじゅつし》がいた。黒魔術《くろまじゅつ》をいちばん多《おお》く利用《りよう》したのは，ソロモン王《おう》といわれているが，悪魔《あくま》をたくみにだまして宝石《ほうせき》を全部《ぜんぶ》にちりばめたものすごい宮殿《きゅうでん》をつくったという。そして黒《くろ》魔術《まじゅつ》を使《つか》う魔術師《まじゅつし》たちは、そのソロモン王《おう》の魔法円《まほうえん》を使《つか》って悪魔《あくま》を呼《よ》びだし，自分《じぶん》の利益《りえき》のためなら、町《まち》や村《むら》が全《ぜん》めつしても魔術《まじゅつ》を悪用《あくよう》したという。また白魔術《しろまじゅつ》は，神《かみ》や学問《がくもん》の力《ちから》をかり，ふしぎな魔力《まりょく》を利《り》用《よう》して多《おお》くの人《ひと》びとの幸《しあ》わせのために使《つか》ったという。

★黒《くろ》魔《ま》術《じゅつ》

▶魔術師《まじゅつし》が、自分《じぶん》のために使《つか》うお金《かね》がほしいので、黒《くろ》いオンドリを殺《ころ》して悪魔《あくま》を呼《よ》びだしているところ。だがオンドリの魂《たましい》が代《だい》しょうでは、少《すこ》しのお金《かね》しか悪魔《あくま》はくれなかった。

▲自分《じぶん》の望《のぞ》みをかなえるため、魔術師《まじゅつし》は悪魔《あくま》の力《ちから》をかりて、村《むら》や町《まち》を全部《ぜんぶ》やきはらうようなこともやった。

▶天使《てんし》の力《ちから》をかりて火《ひ》と水《みず》などから黄金《おうごん》を作《つく》ろうとした白魔術《しろまじゅつ》。

▲パラケルスス（1493～1541年）は，16世紀《せいき》最大《さいだい》の白魔術師《しろまじゅつし》。医者《いしゃ》で神学者《しんかくしゃ》で占星術師《せんせいじゅつし》でもあったが，この世《よ》のあらゆる超自然現象《ちょうしぜんげんしょう》を研究《けんきゅう》して錬金術《れんきんじゅつ》に利用《りよう》し，じっさいに人間《にんげん》に役立《やくだ》つことをやろうとした

▼月や他の星の国にすんでいる宇宙人《うちゅうじん》を呼《よ》びだそうとして作《つく》られた白魔術《しろまじゅつ》の魔法円《まほうえん》。

◀左《ひだり》の絵《え》は，ソロモン王《おう》の前《まえ》にあらわれた悪魔《あくま》ベリアルとその仲間《なかま》。ソロモン王《おう》は，多《おお》くの人間《にんげん》の魂《たましい》をあたえることを約束《やくそく》して，悪魔《あくま》にけいやく書《しょ》を作《つく》らせ（左下《ひだりした》の絵《え》）ると，悪魔《あくま》に財宝《ざいほう》を集《あつ》めさせた。

◀三千年《ねん》以上《いじょう》も昔《むかし》。悪魔《あくま》の力《ちから》で世界《せかい》じゅうの黄金財宝《おうごんざいほう》を集《あつ》めたソロモン王《おう》。

悪魔《あくま》の奇跡《きせき》

＝悪魔《あくま》はほんとうに，ふしぎな魔力《まりょく》を使《つか》ったのだろうか＝

▼聖《せい》クロード橋《きょう》

▼バラントレ橋《きょう》

ふしぎな超能力《ちょうのうりょく》や魔力《まりょく》を使《つか》い、多《おお》くの魔術《まじゅつ》師《し》や魔女《まじょ》たちをあやつっていた悪魔《あくま》。そして次《つぎ》からつぎと悪《あく》の世界《せかい》に人間《にんげん》をおとしいれた悪《わる》がしこい悪魔《あくま》にも、まぬけでトンマなところがあった。知恵《ちえ》のすぐれた偉大《いだい》な聖人《せいじん》や白《しろ》魔術《まじゅつ》師《し》によって、悪魔《あくま》はまんまとだまされて大《おお》きな橋《はし》をつくったり、広《ひろ》い農地《のうち》をたがやして畑《はたけ》仕事《しごと》をやらされたりしたのだ。

恐《おそ》ろしい悪魔《あくま》といっても、その弱点《じゃくてん》をたくみについて利用《りよう》すれば、すばらしい魔力《まりょく》にもなるのだ。しかし、悪魔《あくま》や魔女《まじょ》のいたずらで、ときには悲《かな》しいこともおこったという。

▶いまにも死《し》にそうな病人の魂《たましい》を代しょうにして、悪魔《あくま》に岩を切りくずして道路《どうろ》を作らせ、田畑をたがやさせたり船で荷物《にもつ》を運《はこ》ばせた。仕事《しごと》

▲北欧《ほくおう》の国《くに》では，悪魔《あくま》に畑仕事《はたけしごと》をさせたことが多《おお》いという。

ヨーロッパには、悪魔《あくま》が作《つく》ったという橋《はし》がいろいろとある。右《みぎ》の写真《しゃしん》の聖《せい》クロード橋《きょう》とバラントレ橋《きょう》もフランスのものだ。悪魔《あくま》に「この川《かわ》に橋《はし》を作《つく》ってくれたら、いちばんはじめに橋《はし》を渡《わた》ったものの魂《たましい》をあげよう」といって、橋《はし》ができあがったら、はじめにネコとかヤギに橋《はし》を渡《わた》らせたという。

▶聖《せい》カドが、完成《かんせい》した橋《はし》に最初《さいしょ》にネコを渡《わた》らせ、悪魔《あくま》はガックリだ。

◀たいまつをもった魔女《ましょ》が，しのびこんできてとつぜん農夫《のうふ》をねむらせてしまった。魔女《ましょ》は，この農夫《のうふ》をりっぱな城主《じょうしゅ》に変身《へんしん》させてしまうのだが，農夫《のうふ》は城主《じょうしゅ》となっても魔女《まじょ》の命令《めいれい》どおりに，すべてしたがわなければならなかった。

▶海《うみ》を渡《わた》る船《ふね》が、あらしにあったとき、三つのナワの結《むす》び目《め》をほどいて魔力《まりょく》にすがる船人《ふなびと》たち。

悪魔《あくま》王国《おうこく》の組織《そしき》

＝悪魔王国《あくまおうこく》の実力者《じつりょくしゃ》の役目《やくめ》と超能力《ちょうのうりょく》をさぐる＝

悪魔《あくま》の王国《おうこく》は、帝王《ていおう》サタンを長《ちょう》として巨大《きょだい》な組織《そしき》が作《つく》られている。三大実力者《さんだいじつりょくしゃ》はルキフェルとアスタロト、ベールゼブブで、世界《せかい》じゅうを支配《しはい》していた。七つの軍団《ぐんだん》は全部《ぜんぶ》で六千六百の部隊《ぶたい》からなり、名部隊《めいぶたい》にはその部下《ぶか》

③ ルキフェル

ルキフェルは、悪魔王国《あくまおうこく》をじっさいに動《うご》かしている実力者《じつりょくしゃ》だ。副王《ふくおう》として、七つの軍団《ぐんだん》と内閣《ないかく》を支配《しはい》している。ところが、このルキフェルの姿《すがた》を見《み》た人《ひと》はない。千の顔《かお》をもち、あらゆる動物《どうぶつ》や植物《しょくぶつ》など、どんなものにも変身《へんしん》できるという。ときにはサタンの身《み》がわりにもなる。

がいて、魔術師《まじゅつし》や使《つか》い魔《ま》などを合計《こうけい》すると七四〇〇万五九二〇名《めい》にもなったという。ここでは、世界《せかい》の悪魔《あくま》百種類《しゅるい》をあげて、その特長《とくちょう》と魔力《まりょく》をさぐってみた。

①暗黒《あんこく》の帝王《ていおう》サタン

②その妻《つま》リリス

独立部隊《どくりつぶたい》
- ……ベルフェゴールなど。

ベールゼブブ（地獄帝国の最高長官）
- ……地獄《じごく》の魔王《まおう》プルトー
- ……地獄《じごく》の総裁《そうさい》フオラス
- ……地獄《じごく》の皇太子《こうたいし》モロク
- ……地獄《じごく》の太守《たいしゅ》レオナルド
- ……地獄《じごく》の皇太子《こうたいし》パン

アスタロト（悪魔の君主）
- ……百面相《めんそう》の王子《おうじ》ガーブ
- ……怪獣《かいじゅう》候爵《こうしゃく》フルネウス
- ……破壊《はかい》伯爵《はくしゃく》ラム
- ……財宝《ざいほう》公爵《こうしゃく》アンドロマリウス

ルキフェル（副　王）
- ……参謀《さんぼう》本部《ほんぶ》元帥《げんすい》ネビロス
- ……第《だい》1軍《ぐん》司令官《しれいかん》サタナキア
- ……第《だい》2軍《ぐん》司令官《しれいかん》アガリアレプト
- ……第《だい》3軍《ぐん》大将《たいしょう》サルガタナス
- ……第《だい》4軍《ぐん》中将《ちゅうじょう》フルーレティ
- ……第《だい》5軍《ぐん》中将《ちゅうじょう》マルコキアス
- ……第《だい》6軍《ぐん》少将《しょうしょう》アスモディ
- ……第《だい》7軍《ぐん》大王《だいおう》ベール

内《ない》閣《かく》

④ マルベス

いつもルキフグのそばにいる副総理《ふくそうり》。地上《ちじょう》に出《で》てくるときはライオンの姿《すがた》になるが、全世界《ぜんせかい》の秘密《ひみつ》やかくされた財《ざい》宝《ほう》、兵器《へいき》など、すべて知《し》っている。

また、人間《にんげん》をどんな姿《すがた》にも変《か》えてしまうことができる超能力《ちょうのうりょく》をもっている。

⑥ ルキフグ

悪魔《あくま》王国《おうこく》の内閣《ないかく》総理《そうり》大臣《だいじん》。王座《おうざ》のようなイスにすわっていて、いつも「悪魔《あくま》法典《ほうてん》」をひらいている。この「悪《あく》魔《ま》法典《ほうてん》」にしたがって、全世界《ぜんせかい》の悪魔《あくま》の行動《こうどう》をさばいたり、悪魔《あくま》王国《おうこく》がさかえるように命令《めいれい》を出《だ》しているのだ。

そしてルキフグは、全世界《ぜんせかい》の富《とみ》や財宝《ざいほう》をかんりしていて、それを使《つか》う権利《けんり》を帝王《ていおう》サタンからあたえられている。

⑤ア

夜《よる》の空《そら》に、鬼火《おにび》のようにもえくるったり、流星《ながれぼし》のような火《ひ》の玉《たま》となってあらわれる。広《ひろ》い宇宙《うちゅう》のあらゆる星《ほし》のことを知《し》っていて、宇宙人《うちゅうじん》とも会話《かいわ》ができる。そして空《そら》を飛《と》ぶロケットなどの科学技術《かがくぎじゅつ》については、NO・1の実力《じつりょく》をもつという四次元的《じげんてき》な悪魔《あくま》だ。しかも全世界《ぜんせかい》の悪魔《あくま》の財宝《ざいほう》を知《し》っている。

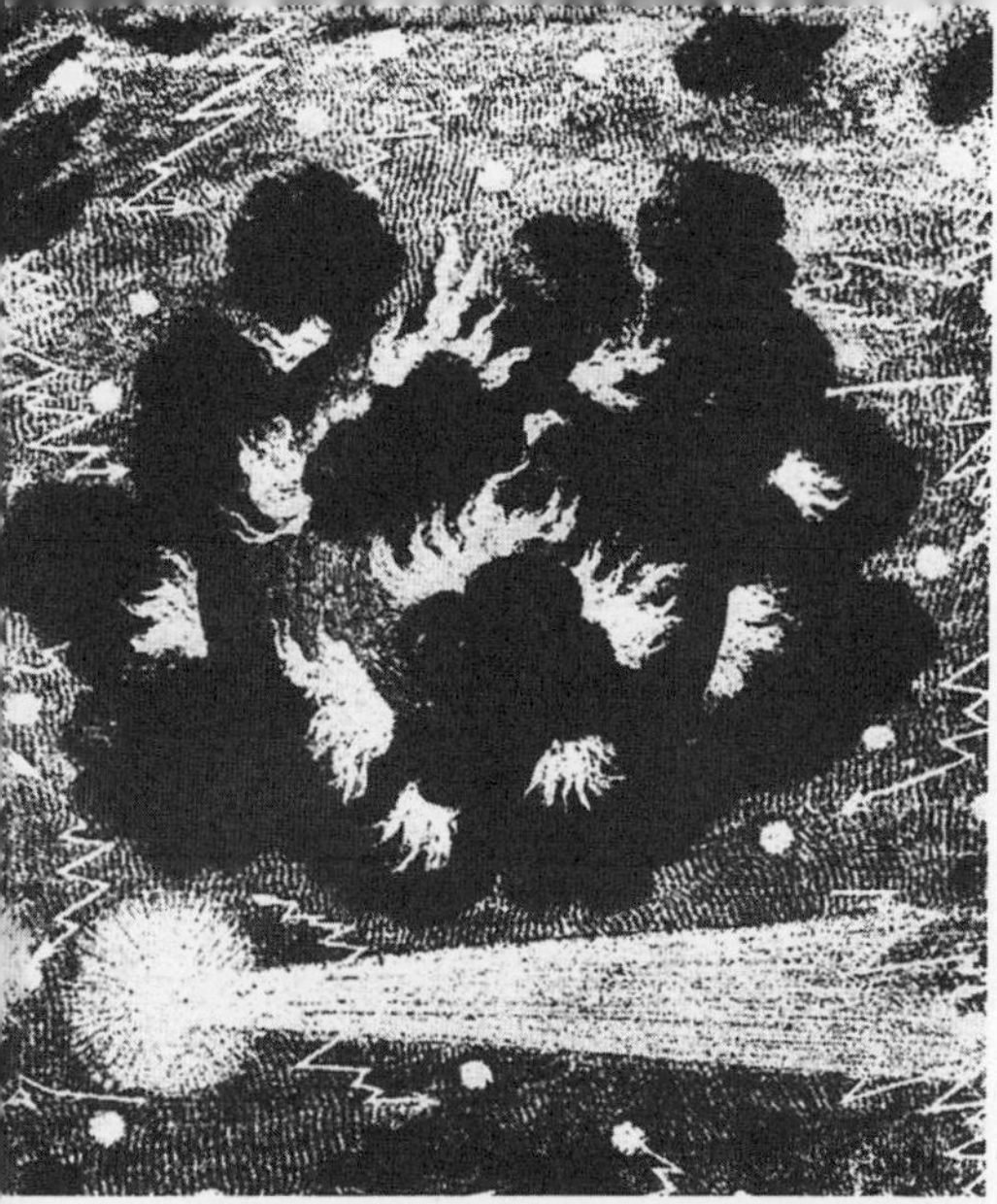

⑦ベリアル

悪魔王国《あくまおうこく》のすべての人事権《じんじけん》をもっ
いる。それぞれの悪魔《あくま》には，大王《だいおう》と
公爵《こうしゃく》などの地位《ちい》や役職《やくしょく》があたえられ
いて，それを決《き》めるのがベリアルた
とくに人間《にんげん》のイケニエをこのみ，
の戦車《せんしゃ》に乗《の》って地上《ちじょう》にあらわれるか
ソロモン王《おう》にだまされて財宝《ざいほう》を集め

⑧アガレス

ワニに乗《の》ってあらわれる。地震《じしん》をおこして，悪魔王国《あくまおうこく》のオキテに反《はん》した逃亡者《とうぼうしゃ》をつれもどす超能力《ちょうのうりょく》がある。そして，どんな悪魔《あくま》からでも魔力《まりょく》をうばいとり，人間《にんげん》を狂人《きょうじん》にしたりする特別《とくべつ》の力《ちから》がある。

参謀本部《さんぼうほんぶ》

⑨ネビロス

ネビロスは、悪魔王国《あくまおうこく》の軍団《ぐんだん》が戦《せん》争《そう》をおこすとき、どのような作戦《さくせん》をたてるかを決《き》める参謀本部《さんぼうほんぶ》のボスで悪魔軍団《あくまぐんだん》の元帥《げんすい》だ。それでネビロスは、どんな人間《にんげん》にでも思《おも》いのままに害《がい》をおよぼすことができるし、悪魔《あくま》はらいの呪文《じゅもん》もきかない。また栄光《えいこう》の手《て》を発見《はっけん》し、すべての物質《ぶっしつ》や動植《どうしょく》物《ぶつ》、人間《にんげん》の長所《ちょうしょ》と欠点《けってん》を知《し》っている。

⑪グラシアラボラス

イヌの姿《すがた》をしているが，殺人学校《さつじんがっこう》の最高長官《さいこうちょうかん》。殺《ころ》しの 108 種類《しゅるい》を知《し》っていて，人間《にんげん》の姿《すがた》をキリのように消《け》してしまうこともできる。だが，あらゆる芸術《げいじゅつ》の上達《じょうたつ》する方法《ほうほう》も教《おし》えてくれる。

⑫ナベリウス

参謀本部《さんぼうほんぶ》では，兵器《へいき》を使《つか》わないで戦《せん》に勝《か》つ心理作戦《しんりさくせん》をたてる専門家《せんもんか》。つり，たくみに恐《おそ》ろしいデマやニセの報《ほう》を流《なが》して，多《おお》くの人《ひと》びとをすっか混乱《こんらん》させてしまう作戦《さくせん》だ。しかし，間《げん》の名誉《めいよ》や地位《ちい》をとりもどしてくれる。

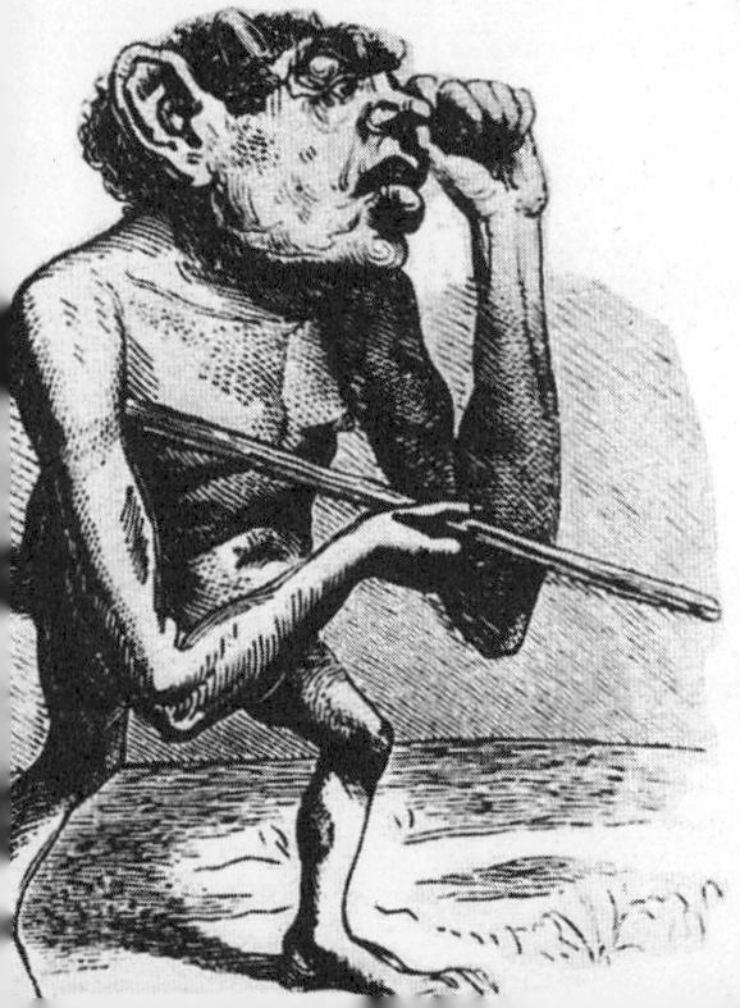

⑩アンドレアル

クジャクのような姿《すがた》で地上《ちじょう》にあらわれる。空中《くうちゅう》を高《たか》く飛《と》んで、宇宙《うちゅう》のすべての星《ほし》の位置《いち》と地球《ちきゅう》のあらゆる町《まち》や村《むら》山《やま》と川《かわ》などの地理《ちり》を知《し》っている。また人間《にんげん》を鳥《とり》の姿《すがた》に変《か》える魔力《まりょく》をもつ。

⑬カイム

鳥《とり》の羽《はね》とネコの目《め》，そして大《おお》きな耳《みみ》をもっている。だから，鳥《とり》の鳴《な》き声《ごえ》や動物《どうぶつ》の声《こえ》、植物《しょくぶつ》のささやき声《ごえ》，川《がわ》の音《おと》などのあらゆることばを聞《き》きとることができる。カイムはいちばん正確《せいかく》な情《じょう》報《ほう》を知《し》っているスパイ長官《ちょうかん》だ。

⑭ガミジン

馬《うま》の怪獣《かいじゅう》に乗《の》ってあらわれる。世界《せかい》中《じゅう》の犯罪人《はんざいにん》の名《な》まえと罪状《ざいじょう》を知《し》っている。そして死《し》んだ人間《にんげん》の霊魂《れいこん》を呼《よ》びだすことができる超能力《ちょうのうりょく》をもち、死人《しにん》からいろいろな過去《かこ》のニュースを聞《き》きだして、生《い》きている人間《にんげん》のウソをあばく。

第《だい》1軍団《ぐんだん》

⑮サタナキア

悪魔軍団《あくまぐんだん》の最高司令官《さいこうしれいかん》で第《だい》一軍団《ぐんだん》のボス。サタナキアの号令《ごうれい》ひとつで第《だい》一軍団《ぐんだん》から第《だい》六軍団《ぐんだん》までがいっせいに動《うご》く。地上《ちじょう》にあらわれるときは、一角獣《いっかくじゅう》とともに左《ひだり》の絵《え》のような奇怪《きかい》な姿《すがた》で出《で》る。そして全世界《ぜんせかい》のすべての女性《じょせい》を思《おも》いのままに動《うご》かし、とくに急襲戦法《きゅうしゅうせんぽう》に強《つよ》く、少《すく》ない兵力《へいりょく》で大勝《たいしょう》する。

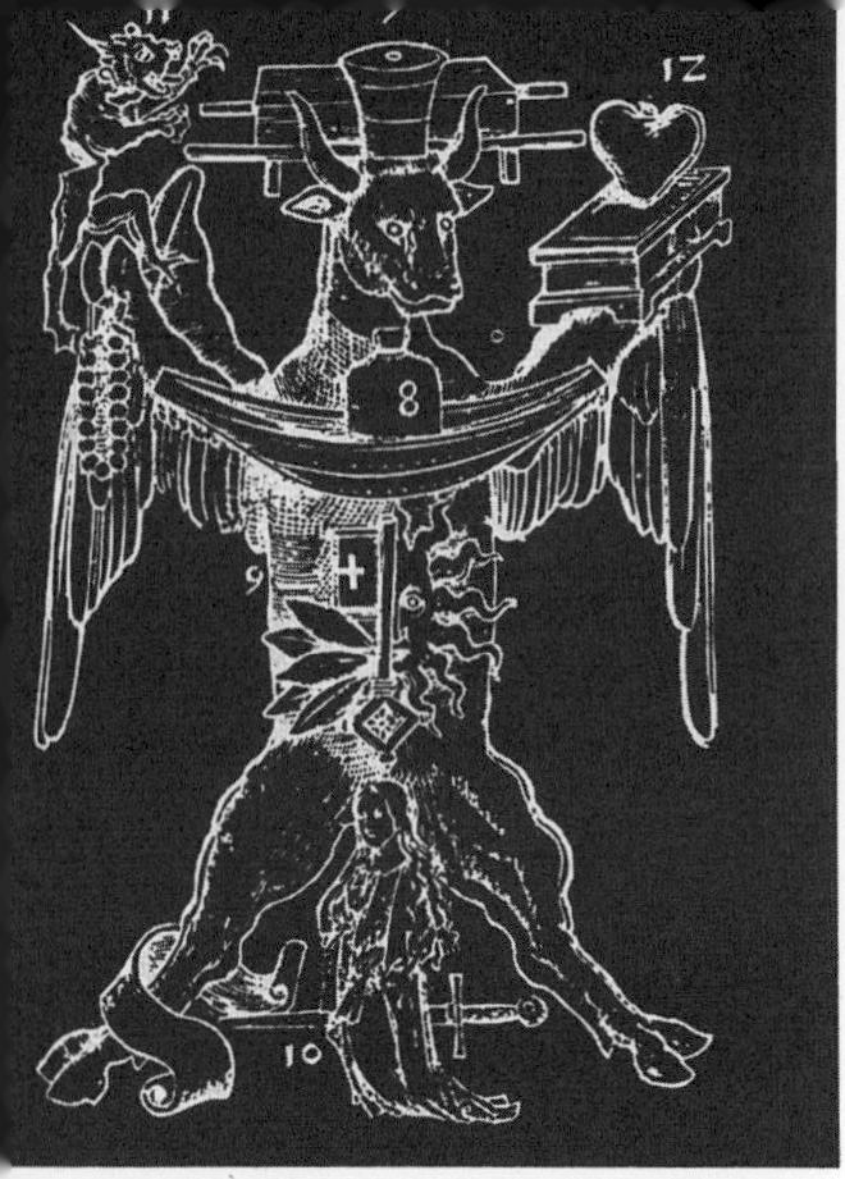

⑰シトリー

黒《くろ》ヒョウの姿《すがた》をしてあらわれるが，シトリーにたのむと，ほんとうに好《す》きあっている男《おとこ》の子《こ》と女《おんな》の子《こ》の仲《なか》をうまくとりもってくれる。また，X線《せん》のような光《ひかり》を発《はっ》して病気《びょうき》を発見《はっけん》してくれる

⑱パイモン

ヒトコブラクダの姿《すがた》であらわれる。人間《にんげん》を魔術師《まじゅつし》の思《おも》いのままにしたがわせるようにする。また，パイモンは砂《さ》漠地帯《ばくちたい》の情報《じょうほう》にくわしく，ものすごい熱風《ねっぷう》で人間《にんげん》をミイラにしてしまう。

⑯バルバトス

いつも四人《にん》の姿《すがた》であらわれるのでどれが、ほんとうのバルバドスか決《けっ》してわからない。つまり影《かげ》武《む》者《しゃ》の術《じゅつ》にすぐれているのだ。そして、人間《にんげん》の目《め》に、あらゆる幻《まぼろし》の像《ぞう》をうつしだす。しんきろうのように、実際《じっさい》にはないものを、ほんとうにあるように見《み》せる魔力《まりょく》をもっているのだ。しかし、バルバドスにたのむと、ケンカした友人《ゆうじん》と仲《なか》なおりさせてくれる。

⑲フルフル

シカのような姿《すがた》をしているが，見《み》かけとちがって男《おとこ》と女《おんな》の仲《なか》をひきさいてにくみあうようにする。そして雷《かみなり》や雷《らい》光《こう》，ものすごい台風《たいふう》や雨《あめ》をふらしたりして山《やま》や川《かわ》の形《かたち》まで変《か》えてしまう。

⑳ハルパス

黒《くろ》い鳥《とり》の姿《すがた》であらわれ，魔剣《まけん》をもってあらわれる。その剣《つるぎ》を３回《かい》ふりまわすと町《まち》や村《むら》が，一瞬《いっしゅん》にして火事《かじ》になってもえる。また，悪人《あくにん》の家《いえ》をたずねて戦場《せんじょう》に運《はこ》んで行《い》く能力《のうりょく》をもつ。

第《だい》2軍《ぐん》団《だん》

㉑アガリアレプト

悪《あく》魔《ま》軍《ぐん》団《だん》の副《ふく》司《し》令《れい》官《かん》で、第《だい》二軍《ぐん》団《だん》のボス。ほとんど戦《せん》場《じょう》や地《ち》上《じょう》に姿《すがた》をあらわすことはないが、そのテレパシー超《ちょう》能《のう》力《りょく》はすごい。全《ぜん》世《せ》界《かい》の国《くに》々《くに》の内《ない》閣《かく》と軍《ぐん》部《ぶ》の秘《ひ》密《みつ》会《かい》議《ぎ》秘《ひ》密《みつ》基《き》地《ち》や暗《あん》号《ごう》解《かい》読《どく》、秘《ひ》密《みつ》書《しょ》類《るい》、そして、すべての兵《へい》器《き》の種《しゅ》類《るい》や性《せい》能《のう》、その数《かず》などをテレパシー術《じゅつ》で正《せい》確《かく》に知《し》ってしまうことができる。

㉓アンドラス

黒狼《くろおおかみ》にのってあらわれ，手《て》には魔《ま》剣《けん》をもっている。夜《よる》になると村《むら》から町《まち》へと飛《と》びまわって，多《おお》くの人《ひと》びとにケンカをおこさせるようにする。だが，人《ひと》を殺《ころ》した罪《ざい》人《にん》はたちまち剣《けん》で殺《ころ》す。

㉔ラウム

鳥《とり》の姿《すがた》をしているが，財《ざい》宝《ほう》を盗《ぬす》むテクニック 100 種《しゅ》を知《し》っている。魔《ま》術《じゅつ》師《し》に命《めい》じられると，言《い》われた場《ば》所《しょ》まで財《ざい》宝《ほう》を運《はこ》んでくれる。だが，ときどき大《おお》きな町《まち》だけをめちゃくちゃにこわす。

㉒ブエル

ライオンの頭《あたま》に五本《ほん》の牛《うし》の足《あし》をつけた姿《すがた》。しかも、ものすごい火《ひ》を吹《ふ》きながら、ぐるぐるまわるので火《ひ》の玉《たま》のように見《み》える。第《だい》2軍《ぐん》団《だん》では五十の部《ぶ》隊《たい》をひきいる連《れん》隊《たい》長《ちょう》で陸《りく》軍《ぐん》大《たい》佐《さ》。夜《よる》の急《きゅう》襲《しゅう》戦《せん》法《ぽう》がとくいだ。

しかし、人《にん》間《げん》には意《い》外《がい》と害《がい》はなく三千種《しゅ》類《るい》の薬《やく》草《そう》の調《ちょう》合《ごう》法《ほう》で、あらゆる病《びょう》気《き》をなおし、会《あ》いたいと思《おも》う人《ひと》の幽《ゆう》霊《れい》をこの世《よ》につれてきてくれる。

㉕グシオン

奇《き》怪《かい》な動《どう》物《ぶつ》の姿《すがた》であらわれるが，
きな二つの目《め》で人《にん》間《げん》の過《か》去《こ》と現《げん》在《ざい》と
来《らい》がどうなるかを，すっかり見《み》ぬく
能《のう》力《りょく》をもっている。また，ケンカし
いる二《ふ》人《たり》を仲《なか》なおりさせる術《じゅつ》をもつ。

㉖フラウロス

黒《くろ》ヒョウに羽《はね》をつけた姿《すがた》。魔《ま》法《ほう》円《えん》ではなく，三角《かく》形《けい》の中《なか》に立《た》ってフラウロスを呼《よ》びだすと，望《のぞ》みどおりのことをかなえてくれる。そして，すべての悪《あく》魔《ま》の魔《ま》力《りょく》をさける術《じゅつ》も教《おし》えてくれる。

第《だい》3軍《ぐん》団《だん》

㉗サルガタナス

サルガタナスは、陸軍大将《りくぐんたいしょう》で第《だい》3軍団《ぐんだん》のボス。みずから先頭《せんとう》に立《た》って戦《たたか》う勇《ゆう》かんな悪魔《あくま》だ。夜《よる》よりも昼《ひる》に強《つよ》く、どんな人間《にんげん》でも、たちまち姿《すがた》を消《け》してしまう魔力《まりょく》をもっている。一度《ど》に数《すう》千人《にん》の集団《しゅうだん》をパッと消《け》してほかの場所《ばしょ》へ運《はこ》ぶことさえできる。

また、世界中《せかいじゅう》のどんな厳重《げんじゅう》な金庫《きんこ》のカギでも一秒間《びょうかん》であけてしまう。

㉙アイン

毒蛇《どくへび》にのって空《そら》を飛《と》び，世界中《せかいじゅう》で大《おお》あばれする恐《おそ》ろしい悪魔《あくま》だ。そして手《て》にもったタイマツの火《ひ》が，魔力《まりょく》によって巨大《きょだい》な炎《ほのお》となる。大《おお》きな町《まち》はおろか山脈《さんみゃく》をまるごともやすことさえする。また悪知恵《わるじえ》を3万項目《こうもく》も知《し》っている。

㉚ベリト

赤《あか》い馬《うま》に乗《の》って金《きん》のかんむりをかむり，見《み》るからにりっぱな姿《すがた》をしている。どんな金属《きんぞく》でも，すべて黄金《おうごん》に変《か》えてしまう魔力《まりょく》がある。ところがベリトは，悪魔王国《あくまおうこく》でも第《だい》1のウソつきで，ウソつきの方法《ほうほう》8万項目《こうもく》を知《し》っている。

㉘プルソン

ライオンの頭《あたま》をした姿《すがた》で、黒《くろ》クマに乗《の》ってあらわれる。軍《ぐん》楽《がく》隊《たい》の指《し》揮《き》者《しゃ》で、ひどくのんびり屋《や》だ。

魔《ま》術《じゅつ》師《し》が呼《よ》びだすと、音《おん》楽《がく》についてのテクニックや作《さっ》曲《きょく》の才《さい》能《のう》をあたえてくれる。また、ほかの悪《あく》魔《ま》たちに財《ざい》宝《ほう》を見《み》つけられないような、うまいかくしかたを教《おし》えてくれる。そして、とても役《やく》立《だ》つネコの使《つか》い魔《ま》を一匹《ぴき》くれる。

㉛ファライ

頭《あたま》に角《つの》がはえた鬼《おに》女《おんな》の姿《すがた》で，毒《どく》蛇《へび》をからみつけている。だが，植《しょく》物《ぶつ》の葉《は》から美《うつく》しい布《ぬの》を作《つく》りだし，どんなみにくい女《じょ》性《せい》でも，ものすごい美《び》人《じん》にする方《ほう》法《ほう》を知《し》っているが魔《ま》力《りょく》は1日《にち》で消《き》える

㉜ロノベ

昆《こん》虫《ちゅう》とも動《どう》物《ぶつ》ともつかぬ奇《き》怪《かい》な姿《すがた》であらわれる。しかし，世《せ》界《かい》中《じゅう》のことばをわずか1日《にち》でおぼえる方《ほう》法《ほう》を知《し》っていて，敵《てき》と味《み》方《かた》を仲《なか》よくさせてしまうたくみな話《わ》術《じゅつ》を身《み》につけている。

第《だい》4軍《ぐん》団《だん》

㉝フルーレティ

フルーレティは、陸軍中将《りくぐんちゅうじょう》の肩《かた》書《が》きをもつが、悪魔《あくま》軍団《ぐんだん》の中《なか》では第《だい》七軍団《ぐんだん》をのぞいていちばん強《つよ》い第《だい》四軍団《ぐんだん》のボス。戦争《せんそう》にかけては実力《じつりょく》の第《だい》一人者《にんしゃ》で、帝王《ていおう》サタンにつぐ勢力《せいりょく》をもつ。夜《よる》の間《あいだ》に、全世《ぜんせ》界《かい》の地形《ちけい》や町《まち》をも変《か》えてしまう魔《ま》力《りょく》をもち、全世界《ぜんせかい》の天候《てんこう》を思《おも》いのままにあやつる超能力《ちょうのうりょく》がある。

㉟バァラック

二つの頭《あたま》をもったドラゴンにのって少年天使《しょうねんてんし》の姿《すがた》であらわれる。ドラゴンは火《ひ》と氷《こおり》の炎《ほのお》をはき，一度《ど》に何万《なんまん》という亡霊兵士《ぼうれいへいし》を集《あつ》めて戦《たたか》いに負《ま》けることはない。心《こころ》の美《うつく》しい人間《にんげん》の願《ねが》いをきく。

㊱ビフロンズ

手《て》にもったフライパンのようなもので魔力《まりょく》を使《つか》う。それで墓場《はかば》をほじくりかえして死体《したい》を別人《べつじん》のものと変《か》えてしまったり遠《とお》くへ運《はこ》ぶ。そして鬼火《おにび》をさかんにもやして人間《にんげん》をおどろかせる。

㉞ゴモリー

数万《すう》ものガマをしたがえたみにくい顔《かお》の悪魔《あくま》だ。ほんとうは美《うつく》しい女《おんな》の姿《すがた》なのだが、人間《にんげん》をためすためにみにくい姿《すがた》であらわれる。人間《にんげん》の過《か》去《こ》と現在《げんざい》と未来《みらい》をピタリとあて、かくされた財宝《ざいほう》をみつけてくれる。そして、とくに少女《しょうじょ》の願《ねが》いをききいれてくれ、恋人《こいびと》をさがしてくれる。だがウソをつくと全身《ぜんしん》をとかされる。

㊲エリゴル

頭《あたま》に角《つの》を四本《ほん》もつけた恐《おそ》ろしい悪魔《あくま》で，人間《にんげん》どうしが争《あらそ》いをおこすようにワナをしかけるのがとくいだ。欲《よく》の深《ふか》い軍人《ぐんじん》に，黄金《おうごん》と兵器《へいき》をあたえて戦争《せんそう》をおこさせるのだ。そして戦争《せんそう》に反対《はんたい》する者《もの》は，ようしゃなく殺《ころ》して，ますます戦争《せんそう》を大《おお》きくし，死人《しにん》が出《で》るほどよろこんでいるザンニンな悪魔《あくま》だ。

㊳バシン

巨大《きょだい》な蛇《へび》といっしょにあらわれる。人間《にんげん》に，にくしみの心《こころ》をうえつける方法《ほうほう》を 300 種類《しゅるい》も実行《じっこう》する。その人《ひと》がにくしみのあまり，だれかを殺《ころ》したとたんに，バシンが望《のぞ》みどおりのことをかなえてくれる。また，人間《にんげん》をある国《くに》からほかの国《くに》へ，一瞬《いっしゅん》にして移動《いどう》させるという超能力《ちょうのうりょく》をもっている。

第《だい》5軍《ぐん》団《だん》

㊴マルコキアス

タカの羽《はね》と蛇《へび》の尾《お》をもった黒狼《くろおおかみ》の姿《すがた》。陸軍《りくぐん》中将《ちゅうじょう》で第《だい》五軍団《ぐんだん》のボスだ。あらゆる戦術《せんじゅつ》と兵法《へいほう》にすぐれわずか三十部隊《ぶたい》をひきいて、世界《せかい》中《じゅう》をあらしまわる。口《くち》から七色《しょく》のふしぎな火《ひ》を吹《ふ》きだして、町《まち》ぐるみ人間《にんげん》をすべて石像《せきぞう》のように動《うご》かなくしてしまう。だが、猛将《もうしょう》マルコキアスも魔術師《まじゅつし》にはとても弱《よわ》い。

㊶バラム

バラムは，牛《うし》とヤギとの三つの頭《あたま》をつけた姿《すがた》で，大《おお》タカがいっしょにいる。

少年《しょうねん》のような顔《かお》だが，その目《め》は火《ひ》のように赤《あか》くもえていて，人間《にんげん》に恐怖《きょうふ》の心《こころ》をうえつける悪魔《あくま》なのだ。すこしずつ恐《おそ》ろしい目《め》にあわせて，ついには狂人《きょうじん》にさせ，さいごに姿《すがた》を消《け》してしまう。

㊷ハゲンチ

牛頭《ぎゅうとう》に宝石《ほうせき》のカンムリをかぶって，いつも王座《おうざ》にすわっている。どういうわけか，オタマジャクシが大好物《だいこうぶつ》で，それをささげると，どんな金属《きんぞく》でも黄金《おうごん》のかたまりに変《か》えてくれる。だが，酒《さけ》が大《だい》きらいなので，酒《さけ》をこっそり水《みず》に変《か》えてしまうことがある。

㊵モラックス

モラックスは、人間《にんげん》とも牛《うし》ともつかぬ姿《すがた》であらわれるが、ガラガラ声《ごえ》で、すごく大《おお》いばりしたがる悪魔《あくま》だ。世界中《せかいじゅう》の宝石《ほうせき》や薬草《やくそう》がどこにあるか、すべて知《し》っている。

魔術師《まじゅつし》に呼《よ》んでもらったとき、「大伯爵《だいはくしゃく》モラックスさま……」とおだてると、すばらしい科学《かがく》の発明《はつめい》のヒントを教《おし》えてくれる。反対《はんたい》にバカにすると八つざきにされる。

㊸フェニックス

不死鳥《ふしちょう》フェニックスの姿《すがた》とそっ
の姿《すがた》であらわれる。世界中《せかいじゅう》のすば
い詩《し》を全部《ぜんぶ》おぼえていて，だれで
っとりするような詩《し》をプレゼント
くれる。また，あらゆる科学《かがく》にく
く，錬金術《れんきんじゅつ》をさらに高めて不老不《ふろうふ》
科学的方法《かがくてきほうほう》を教《おし》えてくれる。

㊹ブロケル

水中《すいちゅう》ドラゴンにのって少女《しょうじょ》の姿《すがた》であらわれる。水《みず》についての，あらゆる魔力《まりょく》をもっている。水《みず》をあたためて温泉《おんせん》を吹《ふ》きださせたり，川《かわ》の水《みず》をこおらせたりする。ときには，川《かわ》の水《みず》をせきとめ，あるいは大洪水《だいこうずい》をおこしたり，海《うみ》で大津波《おおつなみ》をおこしたりする悪魔《あくま》だ。

第《だい》6軍《ぐん》団《だん》

㊺アスモデイ

牛《うし》とヤギと男《おとこ》の三つの顔《かお》をもった姿《すがた》で、ドラゴンにのっている。口《くち》から紫色《むらさきいろ》の火《ひ》をふいて、ものをとかしてしまう魔力《まりょく》を使《つか》う。陸軍《りくぐん》少将《しょうしょう》で第《だい》六軍団《ぐんだん》のボス。昔《むかし》から魔《ま》術師《じゅつし》の呼《よ》び出《だ》しには気《き》がるに出《で》てくるので有名《ゆうめい》だ。数学《すうがく》と土占《つちうらな》いと手工芸《しゅこうげい》を教《おし》えてくれるが、人間《にんげん》を透明人間《とうめいにんげん》にする超能力《ちょうのうりょく》もある。

㊼ホラス

四つの手《て》をもった奇怪《きかい》な人間《にんげん》の姿《すがた》をしている。植物《しょくぶつ》の毒草《どくそう》とか薬草《やくそう》などにくわしく，どんな病気《びょうき》でもなおしてくれる薬草《やくそう》を調合《ちょうごう》してくれる。そして，世界中《せかいじゅう》の料理法《りょうりほう》を知《し》っていて，望《のぞ》みどおりのおいしい料理《りょうり》をつくってくれる。

㊽シャックス

人間《にんげん》の頭《あたま》に鳥《とり》の姿《すがた》をしているが，人《にん》の脳《のう》みそをすいとって狂人《きょうじん》や低能児《ていのうじ》してしまう。また，人間《にんげん》の目玉《めだま》を食《た》たり，耳《みみ》をもぎとって人間《にんげん》をカタワしてはよろこんでいる。そして金庫《きんこ》ロボウの 108 手《て》を使《つか》って金《かね》を盗《ぬす》む。

㊻ヴィネ

黒《くろ》クマにのってヤギのような顔《かお》をしている。世界中《せかいじゅう》の魔女《まじょ》の名前《なまえ》と住《す》んでいる場所《ばしょ》を知《し》っていて、一度《ど》なくしたどんな小《ちい》さなものでもさがしだしてきてくれる。

また、手《て》にもったふしぎな小《こ》づちをふると、すばらしい塔《とう》や城《しろ》があっという間《ま》に建《た》つ。だが、橋《はし》や城《しろ》などを一瞬《いっしゅん》にしてこわすこともでき、海《うみ》のあらしもまきおこす。

㊾アロケン

ものすごい巨人《きょじん》で老人《ろうじん》の姿《すがた》をしているが，人間《にんげん》を見《み》つけしだいにさらって行《い》く。だから魔法円《まほうほう》をかいてその中《なか》ににげこまないと，アロケンのドレイにされてしまう。しかし，どんなゴミくずでもりっぱな品物《しなもの》に変《か》えてしまう。

㊿フーカロール

両手《りょうて》にもった小《ちい》さなフイゴを使《つか》っていろいろな風《かぜ》をまきおこす悪魔《あくま》だ。台《たい》風《ふう》やたつ巻《まき》、つむじ風《かぜ》，そよ風《かぜ》など思《おも》いのままで，風《かぜ》をとめることもできる。

第《だい》七軍《ぐん》団《だん》

⑤①ベール

ベールは第《だい》七軍団《ぐんだん》のボスだが、広大《こうだい》なアジア地帯《ちたい》全部《ぜんぶ》をおさめているため、特別《とくべつ》に大王《だいおう》の位《くらい》をもっていて、六万《まん》もの小悪魔《しょうあくま》をしたがえている。また法律《ほうりつ》の専門家《せんもんか》で、どんな犯罪《はんざい》やひどい殺人者《さつじんしゃ》でも、たくみに無罪《むざい》になる方法《ほうほう》を知《し》っている。そして悪魔王国《あくまおうこく》では第《だい》一の剣道《けんどう》の達人《たつじん》でもある。

⑤③ダンタリアン

多《おお》くの顔《かお》をもつ悪魔《あくま》で，百万の面相《めんそう》術《じゅつ》を使《つか》う。それに人間《にんげん》の心《こころ》の中《なか》を見《み》ぬく魔力《まりょく》があり，その人《ひと》の考《かんが》えを変《か》えるばかりか顔《かお》もからだも他人《たにん》に変《か》えることができる。

⑤④ソラス

カラスのような姿《すがた》で，夜《よる》しかあらわない。手《て》にもっている魔法《まほう》のコテでの中《なか》から宝石《ほうせき》をほりだしたり，一夜《や》間《あいだ》にりっぱな道路《どうろ》をつくったりする。また，どんなにひどくこわれた建物《たてもの》橋《はし》などでも，あっという間《ま》に修理《しゅうり》ししまうが，永久《えいきゅう》にこわれないという。

㊾ベレス

ベレスは、魔術師《まじゅつし》がいちばんきらう悪魔《あくま》だ。地上《ちじょう》にあらわれたとたんベレスは魔術師《まじゅつし》のいうこともきかずものすごい勢《いきお》いであばれまわるからだ。手《て》あたりしだいに人間《にんげん》におそいかかり、建物《たてもの》をこわして歩《ある》くのだ。

しかし、銀《ぎん》の指輪《ゆびわ》をはめて魔法円《まほうえん》の中《なか》で願《ねが》うと、命令《めいれい》どおりに動《うご》く。

㊿ベパール

人魚《にんぎょ》の姿《すがた》であらわれ，海《うみ》にあらし
おこす。そして海上《かいじょう》にたくさんの戦《せん》
がいるように見《み》せる幻術《げんじゅつ》を使《つか》う。ま
小《ちい》さな傷《きず》を重《おも》くして３日《か》以《い》内《ない》に殺《ころ》す。

㊱サブナック

怪獣《かいじゅう》のような姿《すがた》をしているが，高《たか》い山《やま》の上《うえ》に城《しろ》をつくり，砂漠《さばく》の中《なか》にすばらしい町《まち》をつくる。だが，うじ虫《むし》をたくさんわかせて人間《にんげん》をひどく苦《くる》しめる。

悪魔《あくま》の君主《くんしゅ》

㊼アスタロト

アスタロトは、中央《ちゅうおう》ヨーロッパに城《しろ》をかまえる大公爵《だいこうしゃく》の悪魔《あくま》で、三大《だい》実力者《じつりょくしゃ》のひとりだ。つまり副王《ふくおう》ルキフェルと地獄帝国《じごくていこく》の最高長官《さいこうちょうかん》ベールゼブブとならぶ強大《きょうだい》な君主《くんしゅ》なのだ。

もし魔術師《まじゅつし》が呼《よ》び出《だ》しても、悪臭《あくしゅう》がすごくて近《ちか》づけないが、どんな秘《ひ》密《みつ》でもあばき超科学的《ちょうかがくてき》な大発明家《だいはつめいか》だ。

㊾ガーブ

百面相《ひゃくめんそう》の王子《おうじ》で西《にし》ヨーロッパ地方《ちほう》をおさめる城《しろ》にいるが，どれがほんとうの顔《かお》か，なかなかわからない。まったくそっくりな人間《にんげん》をつくる魔力《まりょく》をもつ。

㊿ラムム

しゃれたぼうしをかぶっているが，北《きた》ヨーロッパの城《しろ》にすむ破《は》かい専門《せんもん》の伯爵《はくしゃく》。どんながんじょうな建物《たてもの》や金庫《きんこ》や兵器《へいき》でも，一瞬《いっしゅん》にこわしてしまう。

㊿フルネウス

海竜《かいりゅう》や海蛇《うみへび》の姿《すがた》であらわれる。全世界《ぜんせかい》の海《うみ》を支配《しはい》する海《うみ》の君主《くんしゅ》で大候爵《だいこうしゃく》。アスタロトに協力《きょうりょく》して、悪魔国の海軍をつくり、その権力《けんりょく》をほこっている。そして戦《たたか》いがはじまると、あらゆる怪獣《かいじゅう》をつくって陸《りく》と海《うみ》で大《おお》あばれするので、怪《かい》獣候爵《じゅうこうしゃく》ともいわれている。また、すべての芸術《げいじゅつ》について教《おし》えてくれ、世界中《せかいじゅう》のどんな人《ひと》や敵《てき》からさえも愛《あい》される方法《ほうほう》を教《おし》えてくれる。

㊀アンドロマリウス

フクロウのような目玉《めだま》で，世界中《せかいじゅう》のどこからでも，かくされた財産《ざいさん》をはこんでくる財宝公爵《ざいほうこうしゃく》。それに，盗《ぬす》まれた品物《しなもの》をとりもどし，盗人《ぬすびと》をさがしだしたり，ひきょうな人間《にんげん》をこらしめる。

㊁マルパ

南《みなみ》ヨーロッパの君主《くんしゅ》で大伯爵《だいはくしゃく》。小人《こびと》のような姿《すがた》で，人間《にんげん》をビンの中《なか》へとじこめてしまう魔力《まりょく》をもつ。世界中《せかいじゅう》の科学者《かがくしゃ》を集《あつ》めて，悪魔《あくま》の兵器《へいき》をつくる。

地《じ》獄《ごく》帝《てい》国《こく》〈1〉

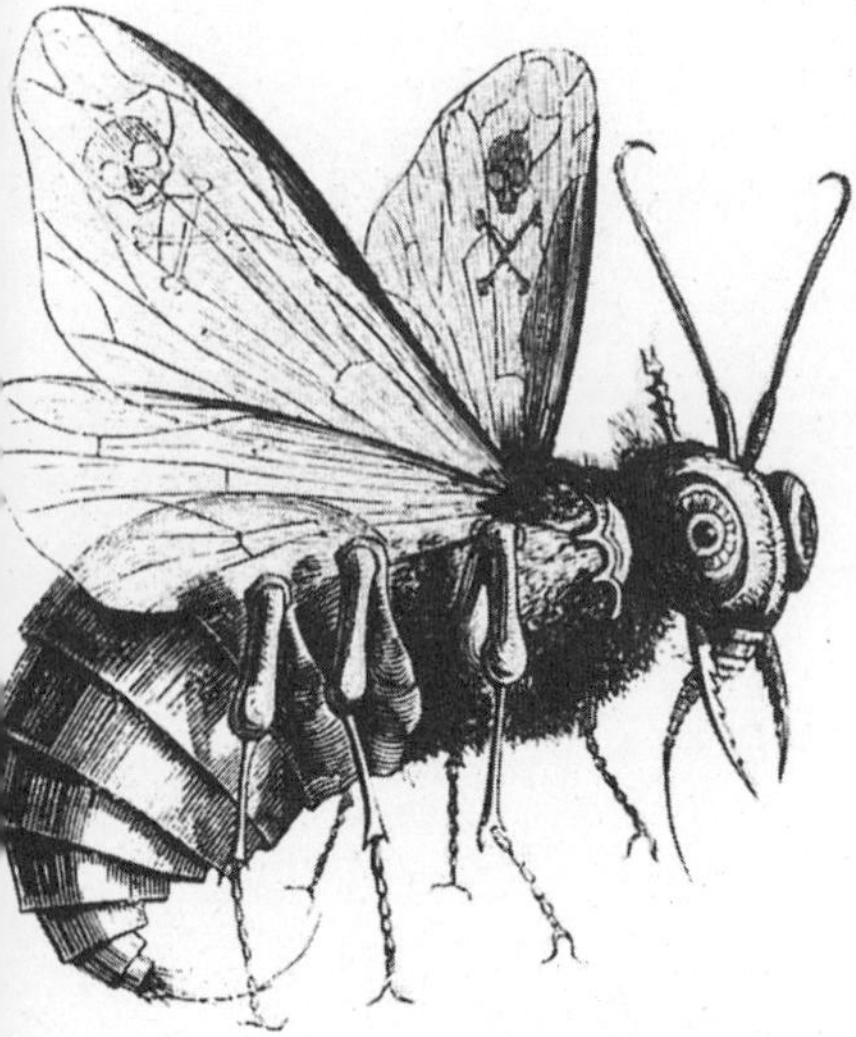

㊸ベールゼブブ

ベールゼブブは、地《じ》獄《ごく》帝《てい》国《こく》の最《さい》高《こう》長《ちょう》官《かん》で、ハエの姿《すがた》をしている。二《ふた》つの羽《はね》にドクロのマークがあるので、ハエと見《み》分《わ》けがつく。ときには大《おお》きさ十メートルにもなったり小《ちい》さくなったりもするが、全《ぜん》世《せ》界《かい》にありとあらゆる病《びょう》気《き》をばらまいて多《おお》くの死《し》人《にん》をだし、人《にん》間《げん》を地《じ》獄《ごく》へおとすのでハエ魔《ま》王《おう》ともいう。

㊺レオナルド

地《じ》獄《ごく》帝《てい》国《こく》の大《たい》守《しゅ》レオナルドは、全《ぜん》世《せ》界《かい》の魔《ま》女《じょ》を支《し》配《はい》して取《と》りしまっている。一か月《げつ》に一回《かい》ひらく魔《ま》女《じょ》の集《しゅう》会《かい》に、かならずあらわれて魔《ま》女《じょ》が赤《あか》んぼうのイケニエを持《も》ってきたかをたしかめる。そして魔《ま》女《じょ》の役《やく》目《め》をはたすと魔《ま》術《じゅつ》を教《おし》え、オキテに反《はん》したものは動《どう》物《ぶつ》にした。

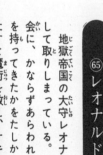

⑥④フォラス

フォラスは、地獄帝国《じごくていこく》の総裁《そうさい》だが、あまり人間《にんげん》を殺《ころ》したりすることはやらない。地上《ちじょう》にあらわれても姿《すがた》を見《み》えないようにして、とても静《しず》かにしている。哲学《てつがく》とか手相学《てそうがく》、天文学《てんもんがく》などを教《おし》えてくれる博学者《はくがくしゃ》だ。そして弱《よわ》い人間《にんげん》には強《つよ》さを、頭《あたま》の悪《わる》い人《ひと》には特殊《とくしゅ》な才能《さいのう》をあたえてくれるという。

⑥⑥ボトク

ボトクは、世界中《せかいじゅう》の多《おお》くの人間《にげん》の中《なか》から、魔術師《まじゅつし》になれそうな男《おとこ》の人《ひと》をさがしだし、たくみにゆうわくする。魔術師《まじゅつし》にするために、あらゆることを教《おし》えるがとちゅうでダメだと思《おも》ったときは、その場《ば》で地獄《じごく》へ突《つ》きおとすので、魔術師《まじゅつし》の数《かず》はとても少《すく》ないのだ。

地《じ》獄《ごく》帝《てい》国《こく》〈2〉

⑰パン

ハゲタカの羽《はね》と不半身《かはんしん》がヒツジの姿《すがた》をしているパンは、地獄帝国《じごくていこく》の皇太子《こうたいし》の位《くらい》をもつ。とくに黒魔術師《くろまじゅつし》の呼《よ》びだしには、かならずあらわれて悪《わる》いことばかりをやった。

そして、魔女《まじょ》の大集会《だいしゅうかい》にもあらわれたが、美《うつく》しい女性《じょせい》をねらってとりつき、悪魔《あくま》の心《こころ》をうえつけると、次《つぎ》つぎと男性《だんせい》をゆうわくしては殺《ころ》すように命《めい》じた。

㊱モロク

地国帝国《じごくていこく》の皇太子《こうたいし》で，巨大《きょだい》な全身《ぜんしん》が火《ひ》のように，まっ赤《か》にもえている。生《い》きたままの子供《こども》を食《た》べるのが好《す》きで，一年《ねん》に四万人《にん》も食《た》べたという。

68 ミノス

ミノスは、地獄《じごく》帝国《ていこく》の最高裁判《さいこうさいばん》官《かん》。地獄《じごく》へおちた人間《にんげん》の罪《つみ》をあばき、その罪《つみ》の重《おも》さによって刑《けい》ばつを決《き》めるのだ。たとえば、ドロボウだった者《もの》は蛇《へび》地獄《じごく》に、戦争《せんそう》をおこした者《もの》は全身《ぜんしん》を八《や》つざきにされ裏切《うらぎり》者《もの》は氷《こおり》地獄《じごく》、あくどい金《かね》かしは、血《ち》の雨《あめ》地獄《じごく》につれて行《い》かれるのだ。もし魔術師《まじゅつし》にたのんでも、ミノスの決《き》めたことはぜったいだ。

70 プルトー

地獄帝国《じごくていこく》の魔王《まおう》で地上《ちじょう》にあらわれることは，ほとんどない。地獄《じごく》のドラゴンをしたがえて，地獄《じごく》におちた人間《にんげん》の亡者《もうじゃ》たちが逃《に》げないようにしている。多《おお》くの美女《びじょ》と小悪魔《こあくま》をはべらせて王座《おうざ》のようなイスにすわり，手《て》あたりしだいに人間《にんげん》を食《た》べている不死身《ふじみ》の悪魔《あくま》だ。

独立部隊《どくりつぶたい》〈1〉

⑪ブラック・エンゼル

独立部隊《どくりつぶたい》の悪魔《あくま》は，あまりサタンから命令《めいれい》をうけないいっ匹狼《ぴきおおかみ》の悪魔《あくま》たちだ。ブラック・エンゼルは女《おんな》の悪魔《あくま》の最高長《さいこうちょう》官《かん》で男性《だんせい》をだらくさせる。

⑬ デカラビア

右手《みぎて》に小《ちい》さな星《ほし》のような光《ひかり》をともしてあらわれる。全世界《ぜんせかい》の宝石《ほうせき》のありかを教《おし》えてくれ、小鳥《ことり》のことばを知《し》っている。また，死人《しにん》を生《い》きかえらせる。

⑭ バール

バールは，心《こころ》のやさしい女《おんな》の悪魔《あくま》だ。人間《にんげん》の未来《みらい》をつげて，いろいろと注意《ちゅうい》してくれる。そして，敵《てき》とさえ友情《ゆうじょう》がうまれるようにしてくれる。

(72) ベルフェゴール

ベルフェゴールは、全世界《ぜんせかい》のいたるところを飛《と》びまわる悪魔《あくま》だ。とくにお金《かね》にこまっている人《ひと》のところにしのびこんで、小《ちい》さな悪事《あくじ》をすすめる。一日《にち》の間《あいだ》、魂《たましい》をわたせば数《すう》万円《えん》のお金《かね》をやるというので、多《おお》くの人《ひと》がだまされる。

(75) オリアス

馬《うま》の姿《すがた》をしていて，ものすごい勢《いきお》いではねまわる。人間《にんげん》をすっかり別人《べつじん》に変《か》える魔力《まりょく》をもち，そんけいされ高官《こうか》の位《くらい》につくりっぱな人間《にんげん》にしてくれる

(76) ブネ

片《かた》チンバの悪魔《あくま》で，いつも牧師《ぼくし》ばかりをねらって，悪《あく》の世界《せかい》にひきずりこもうとする。死体《したい》を変《か》えたり墓場《はかば》に小《こ》悪魔《あくま》をむらがせて牧師《ぼくし》を困《こま》らせる。

独《どく》立《りつ》部《ぶ》隊《たい》〈2〉

⑦⑦アムドスキアス

アムドスキアスは、悪魔《あくま》の天才《てんさい》音楽家《おんがくか》だ。世界中《せかいじゅう》のどんな楽器《がっき》ももっていて、それを全部《ぜんぶ》ひきこなす。しかも、この世《よ》のものとは思《おも》われない、ふしぎな美《うつく》しいメロディをかなでる。これをヒントにして多《おお》くの音楽家《おんがくか》が作曲《さっきょく》したという。

⑦⑨オ　セ

オセは，神秘《しんぴ》なできごとや世界《せかい》のなぞについて答《こた》えてくれる。また，望《のぞ》みどおりの人間《にんげん》の姿《すがた》に変《か》えてくれる。だが同《おな》じ望《のぞ》みは二度《と》とかなえてくれない。

⑧⓪レラジー

腕《うで》に十字架《じゅうじか》をぶらさげているが，こ
は悪魔《あくま》であることをかくすためのも
。戦争《せんそう》やケンカ，病《びょう》気《き》など，手《て》にし
魔《ま》のヤリでまきおこして歩《ある》く。

⑦⑧ キメリエス

キメリエスは、悪魔《あくま》というよりは福《ふく》の神《かみ》のようだ。あれはてた山《やま》や野《の》をさまよい歩《ある》いて宝石《ほうせき》とか黄《おう》金《ごん》をみつけると、貧《まず》しい人《ひと》の家《いえ》をたずねて、とつぜん宝石《ほうせき》などをバラバラッとおとして姿《すがた》を消《け》す。

⑧① ジボス

この世《よ》で見《み》たこともないような，いろいろな怪獣《かいじゅう》の姿《すがた》になって出《で》るが，剣《けん》で切《き》りかかると勝利《しょうり》の魔剣《まけん》をくれる。だが，こわがって逃《に》げると殺《ころ》される。

⑧② バレフール

たくさんのライオンの頭《あたま》にカンムリをかぶり，胴体《どうたい》はワニみたいな姿《すがた》であらわれる。気《き》にいらない人《ひと》は食《く》い殺《ころ》すが，気《き》にいった人《ひと》には，ドロボウの秘《ひ》術《じゅつ》とスパイ術《じゅつ》，それに百発百中《ひゃっぱつひゃくちゅう》あたる悪魔《あくま》の弓矢《ゆみや》をくれるという。

古代《こだい》の悪魔《あくま》

＝悪魔《あくま》サタンがあらわれる前《まえ》からの悪魔《あくま》たち＝

⑧③イル

イルは、古代《こだい》アッシリアの国《くに》にさかんにあらわれた。四本《ほん》の角《つの》に長《なが》い耳《みみ》、そしてタカの羽《はね》をつけ背《せ》中《なか》にもうひとつの顔《かお》がある。七十七変《へん》化《げ》の魔力《まりょく》をもつので、思《おも》いのままに変身《へんしん》して大巨《だいじん》や国王《こくおう》までだまして国《くに》を大《おお》いにみだしたという。

⑧⑤アラル

半人《はんにん》半獣《はんじゅう》の姿《すがた》で、東洋《とうよう》をあらしまわった恐《おそ》ろしい古代《こだい》の悪魔《あくま》。手《て》にした長《なが》いラッパを吹《ふ》くと、たちまち台風《たいふう》がおこり大洪水《だいこうずい》がおしよせ、大地震《だいじしん》がおこったという。

⑧④ウトック

ウトックは、古代《こだい》バビロニアの国《くに》にあらわれた。いつもは、あれはてた沼《ぬま》地《ち》や岩《いわ》だらけの山《やま》にすんでいるが、夜《よる》ともなれば町《まち》の墓《はか》場《ば》にやってきて、すべての死《し》人《にん》の魂《たましい》をよびおこした。だから、ぶきみな死《し》人《にん》のむれが町《まち》の中《なか》をさまよい、だれかが通《とお》りかかるとウトックが暗《くら》やみの中《なき》にさそいこんで、死《し》人《にん》のむれの中《なか》に連《つ》れこんだ。そして死《し》人《にん》たちににらみつけられた人《ひと》はかならず不《ふ》幸《こう》におとされたという。

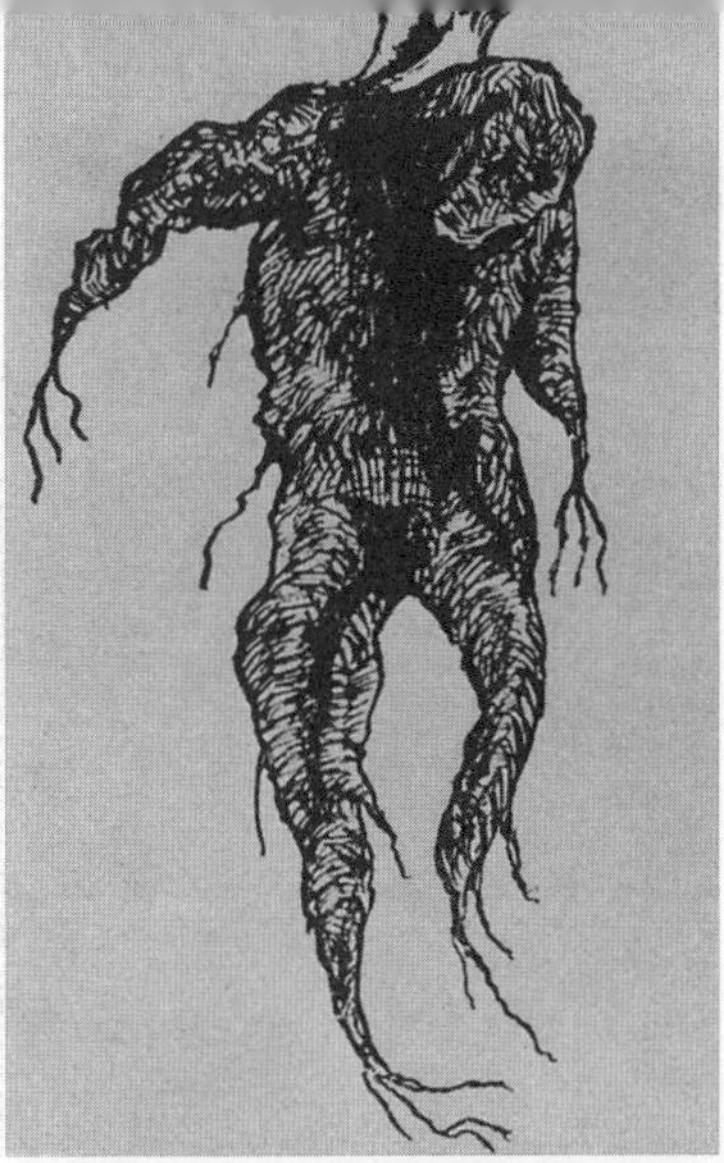

⑧⑥ ベヘモド

ベヘモドは，数《すう》千年《ねん》も昔《むかし》からいまなお悪《あく》行《ぎょう》をつづけている強《きょう》大《だい》な悪《あく》魔《ま》で，なによりもザンニンなことを好《この》む。人《にん》間《げん》をふみつぶして引《ひ》きさき，それをにて食《た》べ骨《ほね》は粉《こな》にして家《か》畜《ちく》に食《く》わせる。

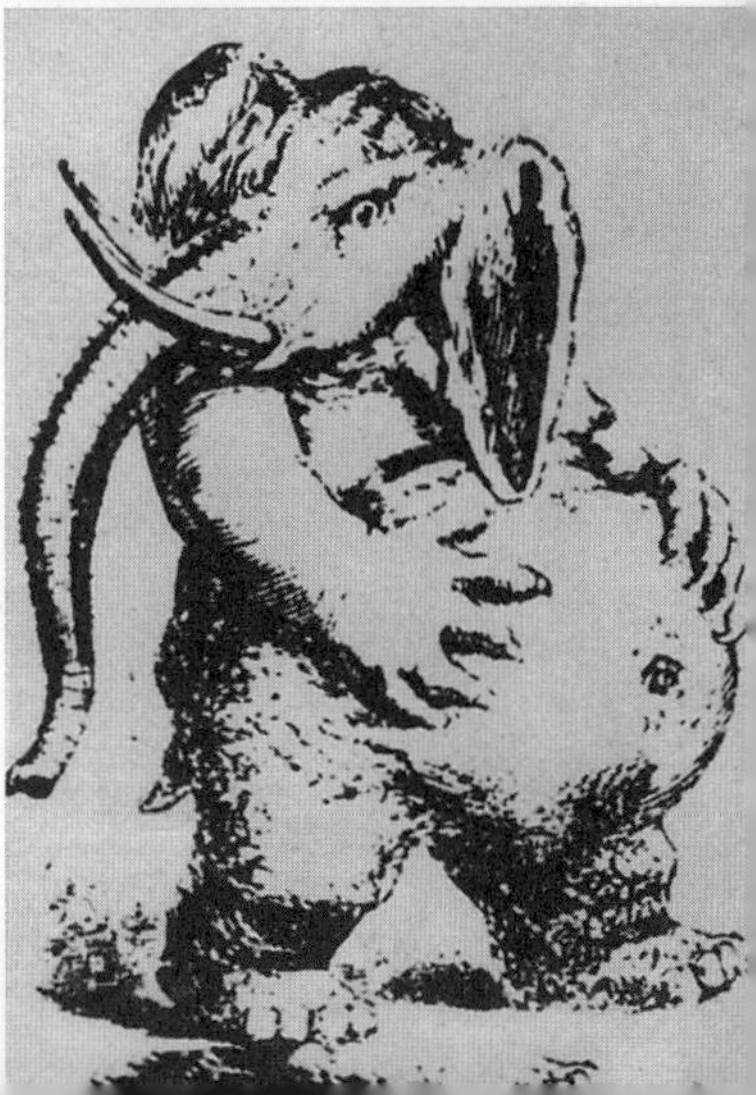

⑧⑦アゼザル

アゼザルは，サタンが登場《とうじょう》する前《まえ》からイスラエルの国《くに》にいた悪《あく》魔《ま》で，いまでは世《せ》界《かい》中《じゅう》のあれはてた荒《こう》野《や》をさまよい歩《ある》き，昆《こん》虫《ちゅう》や動《どう》物《ぶつ》に悪《あく》霊《りょう》をうえつけて人《にん》間《げん》に危《き》害《がい》をあたえている。

世界《せかい》の悪魔《あくま》地図《ちず》

このページでは、いまもこの世《よ》に出《で》てくる悪魔《あくま》たちを集《あつ》めてみた。昔《むかし》からの有名《ゆうめい》な悪魔《あくま》や妖怪《ようかい》などの世界《せかい》地図《ちず》を作《つく》ってみてはどうだろうか。

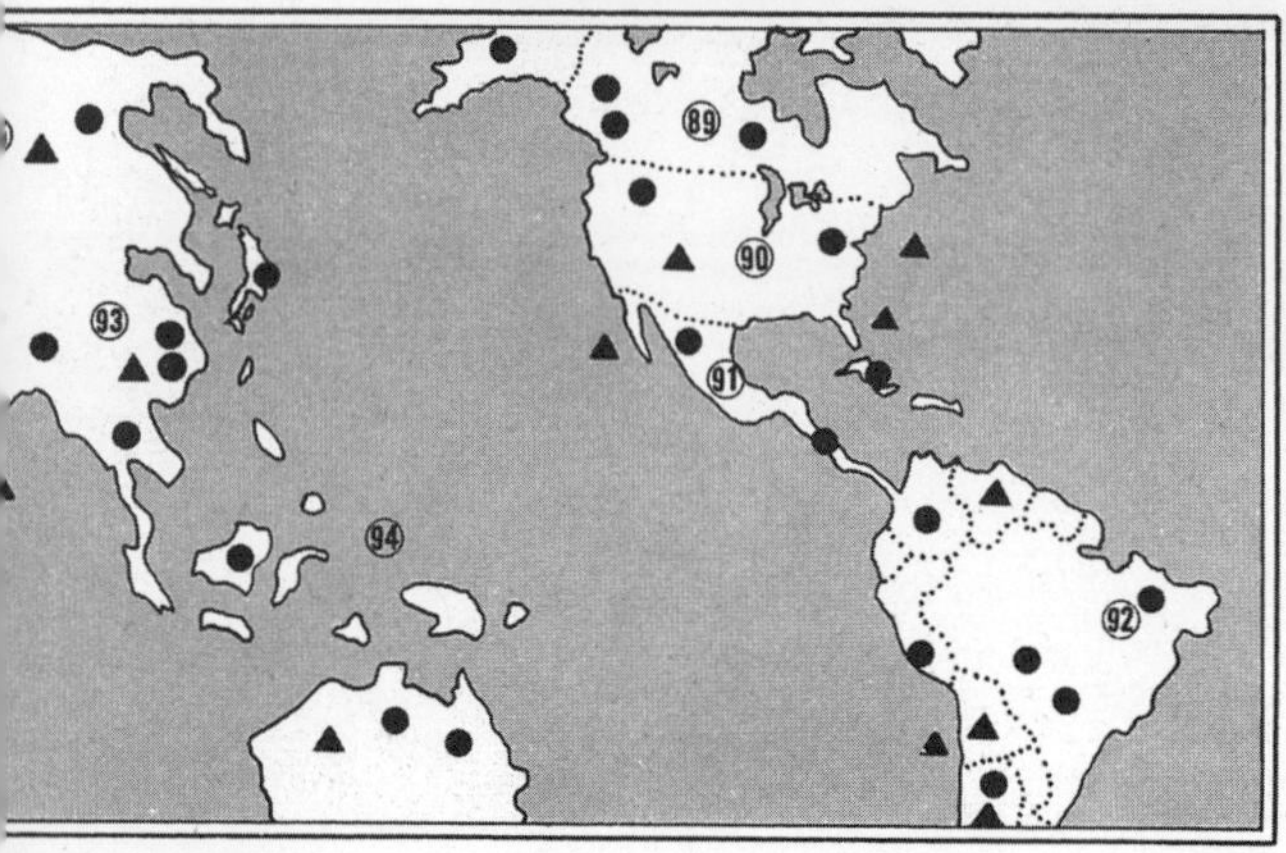

⑧⑨ポルトー

トカゲの姿《すがた》をしているが、青《あお》い炎《ほのお》をはいて人間《にんげん》をこおらせる。

⑨⓪グレムリン

小人《こびと》の悪魔《あくま》で緑色《みどりいろ》のぼうしをかぶり、飛行機《ひこうき》をついらくさせる。

⑨①パストーリ

木《き》のぼうをもった植物《しょくぶつ》悪魔《あくま》。それでたたいた音《おと》をきくと病死《びょうし》する。

⑨②フィク

ブヨをものすごく大《おお》きくした姿《すがた》。人間《にんげん》をねむれなくして殺《ころ》してしまう。

⑨③アト・ハラマ

シシのような頭《あたま》とクラゲ足《あし》の姿《すがた》。人間《にんげん》にとりついて熱病《ねつびょう》にかける。

⑨④チィ

全身《ぜんしん》に黒《くろ》い毛《け》がはえた悪魔《あくま》で、悪霊《あくりょう》をたくさん集《あつ》め人間《にんげん》を殺《ころ》す。

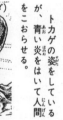

⑧⑧プロセルピーネ（イタリア）

全身が，ぶきみに青白《あおじろ》いはだをした美女《びじょ》の悪魔《あくま》で海《うみ》の孤島《ことう》にいる。船人《ふなびと》を次《つぎ》つぎにゆうわくして，その心臓《しんぞう》と肉《にく》を食《く》う。

▲印《じるし》は，昔《むかし》から悪魔《あくま》がいるところ

●印《じるし》は，妖怪《ようかい》があらわれたところ

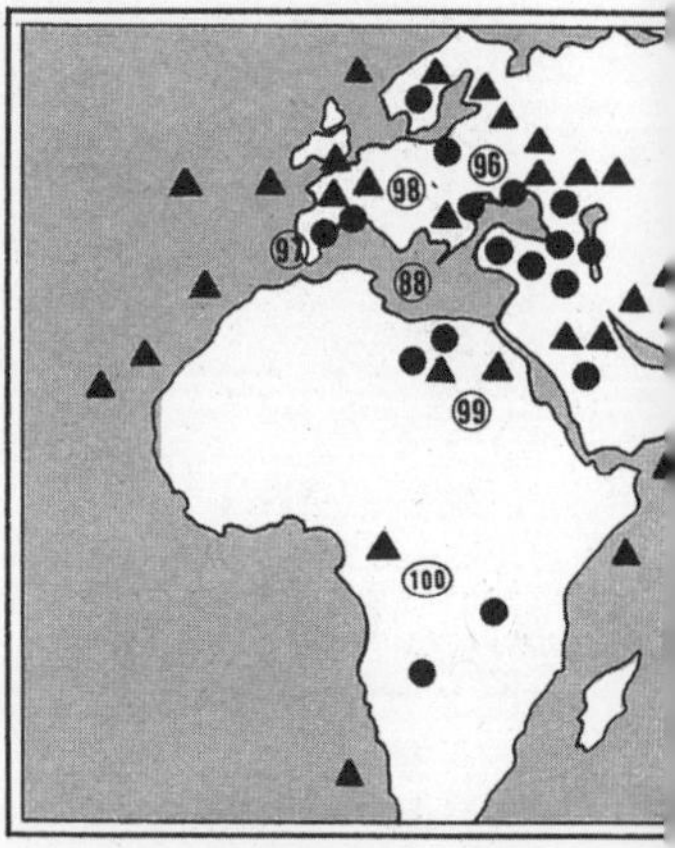

⑨⑤ベリト

（ソ連《れん》）

うそつき専門《せんもん》の悪魔《あくま》で赤《あか》い馬《うま》にのって出《で》る。すべての金属《きんぞく》を金《きん》に変《か》える。

⑨⑥グラト

（ドイツ）

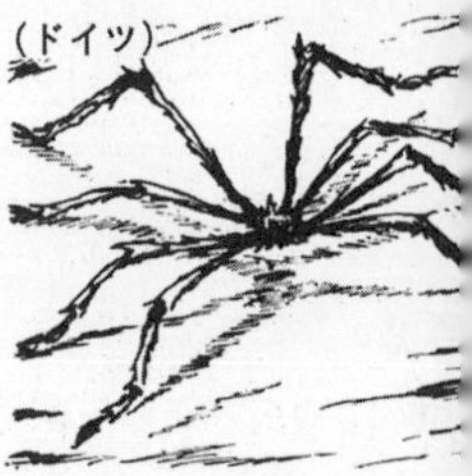

クモの足《あし》だけの姿《すがた》で、毒液《どくえき》を出《だ》して、あらゆる病気《びょうき》をまきちらす。

⑨⑦タムズ

（スペイン）

黒《くろ》いこけのはえたサソリの姿《すがた》。人間《にんげん》を気《き》ちがいにする悪魔《あくま》。

⑨⑧メフェストレス

（フランス）

黒《くろ》マント姿《すがた》でカガミの中《なか》から出《で》てくる。人間《にんげん》の魂《たましい》をうばいさって行《い》く。

⑨⑨セト

（エジプト）

ライオンの姿《すがた》で顔《かお》は人間《にんげん》。人間《にんげん》を水《みず》ぜめにして死体《したい》を切《き》りきざむ。

⑩⓪ゴメリー

（アフリカ）

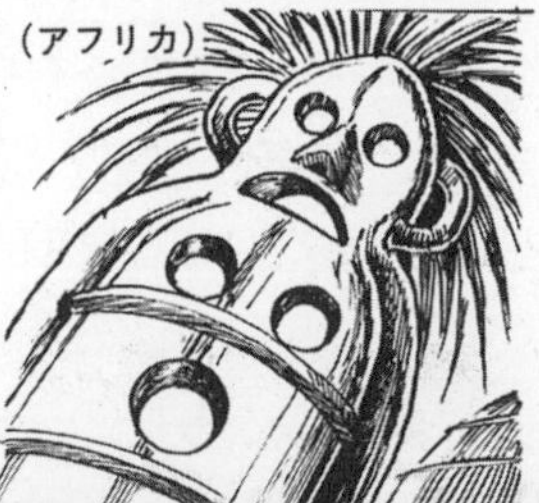

青《あお》い色《いろ》をしたドロ人形《にんぎょう》の姿《すがた》。黒人《こくじん》を白黒《しろくろ》のまだらの石像《せきぞう》にする。

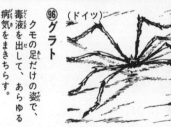

世界妖怪図鑑　　禁無断転載

編　著　　©佐藤有文
イラスト　　柳　柊　二　石原豪人
好美のぼる　斉藤和明
資料協力　　面谷哲郎　渡辺一夫

東京都品川区東五反田0−0−00　電話(00)000−0000
立風書房
©1973年

世《せ》界《かい》妖《よう》怪《かい》図《ず》鑑《かん》〈復刻版〉

2016年 5月 30日 初版発行
2025年 4月 29日 4 刷発行

著　者　佐藤有文

発行者　岩本利明

発行所　株式会社復刊ドットコム
〒141-8204 東京都品川区上大崎3-1-1 目黒セントラルスクエア
電話：03-6776-7890（代） https://www.fukkan.com/

印　刷　TOPPANクロレ株式会社

協　力　Gakken／石原慎之介／橋ひさき／梶口茂子／
大橋博之／面谷哲郎
＊「吸血鬼のいろいろ」発売：アイ・ヴィー・シー

 ISBN978-4-8354-5356-9 C0076